U0593983

主　编：苏志刚　郭惠惠

副主编：尹　辉　徐旭英　黄翔翔

编　委：陈淑娇　侯淑晶　朱　红　章春苗　陈锦兰

　　　　胡晓霞　邱宝荣　邱开玉　吴丽娇　莫足琴

　　　　朱春艳　国建文　黄素素　苏　姝　蒋　婷

新时代
教师专业发展的
内涵 与 路径

主　编：苏志刚　郭惠惠

副主编：尹　辉　徐旭英　黄翔翔

厦门大学出版社

XIAMEN UNIVERSITY PRESS

国家一级出版社

全国百佳图书出版单位

图书在版编目（CIP）数据

新时代教师专业发展的内涵与路径 / 苏志刚，郭惠
惠主编. -- 厦门 ：厦门大学出版社，2024. 12.
ISBN 978-7-5615-9535-0

Ⅰ. G451.2

中国国家版本馆 CIP 数据核字第 202456RY71 号

责任编辑　旺　蔚
美术编辑　李嘉彬
技术编辑　许克华

出版发行　厦门大学出版社
社　　址　厦门市软件园二期望海路 39 号
邮政编码　361008
总　　机　0592-2181111　0592-2181406(传真)
营销中心　0592-2184458　0592-2181365
网　　址　http://www.xmupress.com
邮　　箱　xmup@xmupress.com
印　　刷　厦门市明亮彩印有限公司

开本　787 mm×1 092 mm　1/16
印张　9.75
插页　2
字数　208 千字
版次　2024 年 12 月第 1 版
印次　2024 年 12 月第 1 次印刷
定价　39.00 元

本书如有印装质量问题请直接寄承印厂调换

厦门大学出版社
微信二维码

厦门大学出版社
微博二维码

序　言

　　当今世界正面临着百年未有之大变局，影响着社会、政治、经济领域的深刻变革，这些变革无疑也对教师教育领域带来了前所未有的机遇和挑战。当下，正值教师教育学被正式列为教育学二级学科的历史节点，我们迎来了教师教育全面建设的新时代，这一时代不仅要求我们对教师教育的属性和角色有全面而深入的理解，更要求我们在理论和实践研究上进行创新和突破。教师教育作为国家教育事业的重要组成部分，首先表现出具有广泛公共性的政策属性，它关系到国家的教育战略和未来发展，需要在政策制定和实施中体现其公共性质，确保教育公平和质量提升。其次，教师教育也是一项具有明确行动性的实践活动，它不仅仅是教学理论的传授，更是教师职业能力、教学能力及伦理价值观的系统培养。最后，教师教育还展现出其作为学术研究领域的科学属性，这要求教师教育研究不仅要关注教育实践，还要通过科学研究推动教育理论的创新和发展。在苏志刚、郭惠惠团队的著作中，我们看到了对这一复杂性的深刻理解和全面把握，他们的研究不仅聚焦于教师教育的现状和挑战，更通过理论分析和实证研究，探索教师教育在新时代背景下的发展路径。他们的工作依循教师教育的三重属性而展开，并试图针对这三个层面的现实问题提出创新的解决方案，以满足教育的需求，响应时代呼声。因此，本书不仅是对教师教育现状的阐述，更是对教师教育未来发展方向的深思和提议，它为我们提供了一个宝贵的视角，来理解和应对教师教育在当代社会变革中面临的诸多挑战和机遇。

　　随着全球教育环境的快速变化和技术的日新月异，新时代对教师的要求也在不断升级。教师不仅是知识的传递者，更是学习者、创新者和引领变革的关键角色，这一转变使得教师专业发展成了各级政府、教育机构（包括大中小学及幼儿园）以及学术界关注的热点话题。此外，教师专业发展也被视为实现教育公平和促进社会整体进步的重要途径。从教育机构视角出发，从幼儿园到高等学校的各级各类院校都在积极探索和实施教师专业发展计划，这些计划旨在帮助教师适应教育技术的变革，更新教学方法并满足学生多样化的学习需求。学校的努力不仅提升了教师的教学能力，也优化了学习环境，增强了学生的学习体验。当前学界对教师专业发展的研究也充满热情，通过多种学术研究探索教师成长的理论基础和实践路径，研究不断揭示教师专业发展对教育质量的直接影响，以及它在适应社会变革和全球化挑战中的关键作用，这些研究为政策制定者和教育实践者提供了宝贵的洞见和依据。

在当今教育改革的浪潮中，教师专业发展依然是教师教育领域的核心议题，教师专业发展的研究仍然需特别关注两种影响深远的专业思潮：教师专业主义和教师发展主义。教师专业主义强调教师作为专业人士的自主性、判断力和职业道德，倡导教师在其专业实践中应拥有更高的自主权和决策权。相对地，教师发展主义则更加关注教师个体成长和发展的连续性，认为教师专业发展是一个动态的、终身的过程，需要不断地学习和适应教育实践中的新挑战。对教师专业发展的理解，不能仅停留在表面的能力提升或知识更新上，而是要深入探讨其背后的哲学和理论基础。教师专业发展的根本目的在于通过提升教师的专业能力，培养伦理观念，进而提高教育质量并促进学生的全面发展。因此，理解教师专业发展的历史来源、理论基础，借鉴教师专业发展的国际经验，对于设计有效的教师培养和发展策略至关重要。此外，教师专业发展还应考虑域外视野和国际经验，通过比较不同国家和地区的教师发展模式，可以发现一些共通的成功要素以及针对特定挑战的创新策略。例如，一些国家通过建立教师发展中心、提供跨学科培训项目和支持教师行动研究项目，有效地促进了教师的职业成长和教育质量的提升。因此，全面而深入地理解教师专业发展的多维度内容，是我们设计和实施教师教育政策的基础，这不仅要求我们关注教师的知识和能力，更要关心他们的职业身份、自我成长以及如何在不断变化的教育环境中保持教育的核心价值。

本书的编写正是为了回应这一时代需求，通过深入研究和讨论，探讨教师专业发展的本质及实际推进的策略。教师专业发展的探讨可以从两个基本问题出发：一是本体论层面的问题，即"教师专业发展是什么"；二是实践论层面的问题,即"如何有效推动教师专业发展"。在本体论的探讨中,教师专业发展作为一个概念,不仅涵盖教师知识和能力的增长,更包括教师职业身份的形成和职业道德的提升,这一发展过程是多维的,包括个体层面的自我成长、社交层面的互动提升,以及职业层面的能力和知识更新。因此,深入理解教师专业发展的本质,是设计有效教育策略的基础。在实践论的探讨中,实际推动教师专业发展的过程必须考虑教育实践的复杂性和动态变化。本书通过分析古今中外的教育理论与实践,提出了一系列切实可行的方法,这些方法不仅基于理论的指导,还充分考虑到教师在不同教育阶段和环境中的具体需求。为了增强论述的说服力,本书广泛采用具体的实践案例,从教师个体的职业规划与自我反思,到学校组织的支持与培训系统,再到国家层面的政策制定与执行,这些层面体现了对教师专业发展的深刻理解和全面考量。这种多层次、多角度的探讨,确保了策略的全面性和实用性,使得教师专业发展的推动不仅是理论上的构想,更是实践中的成果。

随着人工智能(AI)、大数据、云计算和物联网等数智技术的迅猛发展,教师专业发展正站在一个新的历史节点上,这些技术不仅在改变着我们的生活方式,也深刻影响着教育行业的各个方面,尤其是教师专业发展的理论和实践。在 AI 的助力下,教师专业发展的模式正在发生根本性变革。AI 技术可以个性化地支持教师的持续学习和职业成长,通过智能推荐系统提供定制化的学习资源和发展路径;AI 还能帮助教师进行教学设计,通过数据分析优化教学策略,提高教学效果。大数据技术的应用则使得教师可以获取和分析大量教学活动数据,从而更精确地理解学生的学习需求和反馈,这种数据驱动的教学方法能够显著提高教育决策的质量和教学活动的适应性,进一步促进教师专业成长。通过云计算,教师能够随时随地访问教学资源,进行在线交流和协作。物联网技术则在智能化校园中得到应用,通过智能设备收集环境数据,帮助教师优化课堂管理和学习环境。展望未来,教师专业发展必将全面拥抱这些数智技术,让技术全面贯穿和赋能教师的日常教学和专业成长,教师将不再仅仅是知识的传授者,而是成为学习的设计师、数据的分析师和技术的创新者。这种转变不仅将提升教师的专业能力,也将极大地丰富教师的职业生涯,为他们打开全新的发展空间。

　　整体而言,本书从理论与实践的融合视角出发,全面探讨了教师专业发展的多维度问题。从基础教育、职业教育到高等教育,编者不仅分析了各教育阶段的教师发展需求和挑战,也提出了相应的支持策略和实践路径。通过具体的案例分析,本书深入解读了教师专业发展的核心内涵,展示了如何通过科学的方法和创新的实践来推动教师的成长和教育质量的提升。本书不仅系统地讨论了教师专业发展的理论基础和实际应用,还提供了课后思考题和精选的推荐阅读材料,以便读者能够进一步深化理解并应用所学知识。这种结构设计旨在促进读者主动学习,提高其批判性思维能力,帮助他们构建自己的知识体系和实践策略。

　　本书意在为教师教育的未来发展提供一个清晰和具体的思路图谱。教师教育的三重属性——政策属性、实践属性和学术属性的有机融合,不仅为教师专业发展的科学实践铺设了道路,也为全面提升教育系统的效能和响应社会变化提供了支持。借助本书提供的全面指导和实证基础,教育工作者和政策制定者可以更有效地推动教师的持续专业成长和教育创新。

朱旭东

北京师范大学教育学部部长

2024 年 9 月

导　论

　　教师是教育事业发展的基础,是提高教育质量、办好人民满意教育的关键。党中央、国务院高度重视新时代教师队伍建设工作。2018 年,中共中央、国务院《关于全面深化新时代教师队伍建设改革的意见》中指出,到 2035 年,培养数以百万计的骨干教师、数以十万计的卓越教师、数以万计的教育家型教师。2024 年教师节前,《中共中央 国务院关于弘扬教育家精神加强新时代高素质专业化教师队伍建设的意见》的发布,体现了党和国家对教师队伍建设的高度重视。

　　当前,我国面临建设教育强国和高质量教育体系重大任务,而建设高素质专业化教师队伍、提升教师教育教学水平、促进教师专业发展是关键和重点。根据教育部发布的《2023 年全国教育事业发展基本情况》,全国共有各级各类学校 49.83 万所,各级各类学历教育在校生 2.91 亿人,专任教师 1891.78 万人。其中,专任教师中学前教育 307.37 万人,义务教育 1065.46 万人,特殊教育 7.27 万人,普通高中教育 221.48 万人,中等职业教育 73.48 万人,普通本科教育 134.55 万人,高等职业教育 71.54 万人,成人高等教育 1.41 万人。[①] 努力建设一支师德高尚、能力出色、结构合理、总量适中、相对稳定的教师队伍,已经成为学校发展的一个战略重点。在新时代以内涵发展为主题的背景下,提高教师综合素质已经成为各级各类学校内涵发展、提高人才培养质量的重要途径。

　　本书以教育部新工科研究与实践项目“浙江省地方高校面向新工科建设的教师发展与评价激励机制探索”(地方高校一组编号 21)成果,国家社科基金青年课题“民族地区县域高质量教师培训组织的运行机制与保障模式研究”(立项编号:CMA220322)和浙江省高等教育学会 2024 年度高等教育研究项目“‘双高’背景下高职院校‘双师型’教师队伍建设研究”

---

　　① 教育部发展规划司.2023 年全国教育事业发展基本情况[EB/OL].(2024-03-01)[2024-11-08].http://www.moe.gov.cn/fbh/live/2024/55831/sfcl/202403/t20240301_1117517.html.

（立项编号：KT2024227）等课题资料为依据来编写。

　　第一章探讨了教师专业发展的重要概念，简要介绍了现代教师专业要求和我国各级教师专业标准，并提取经典中外教育名家的"师道"要旨作为全书展开论述教师专业发展的重要启示；第二章详细阐述了教师专业发展的基本内涵，包括扎实的专业知识、熟练的专业能力和良好的专业伦理三个维度；第三章描绘了教师专业发展的现状，主要通过调查研究，梳理已有文献，对教师专业发展的现存问题和影响因素进行剖析；第四章探讨了教师专业发展的域外经验借鉴，选择了典型的日本基础教育、德国职业教育、美国高等教育等教师专业发展实践案例进行详细分析；第五章提出了教师专业发展的路径建议，分别是制定规划、参与项目和做好评价等；第六章从不同类型教育出发，展示了诸多当代优秀教师专业发展的实践案例，并对学校促进教师专业发展的成功经验进行了总结，希望广大教师从中获得直观感受并有所启发；第七章结合未来技术发展趋势和新的教育理念，对教师专业发展做出展望，重点论述了互联网时代信息大爆炸、人工智能和数字技术等对教师专业发展产生的影响。未来教师应该立足"学生中心"，把握发展方向；教育主管部门和学校则应通过教师发展中心等机构与机制创新为教师专业发展提供支持和引导。

作　者

2024 年 9 月

目　录

第一章　教师专业发展综合概述

第一节　教师专业发展概念

一、论专业与教师专业

"专业"的英文"profession"一词源于拉丁语,本意是公开地表达自己的观点或信仰。在教育学的语境下,"专业"一词主要指高等教育和职业教育设置的学业类别、学科分类、人才培养的基本单位。在社会学的意义上,"专业"是指某一特定人群专门从事的借以为生的工作或职业,即一群人在从事一种需要专门技术的职业。[①] 英国社会学家卡尔-桑德斯较早对"专业"问题进行系统研究。本书教师专业发展中的专业,特指社会学意义上的专业,即教师专业是社会分工和职业分化的结果,是教师职业发展成熟到一定程度的表现。当下有大量非师范类专业教师没有经过系统教育类培训学习而直接从事教学,如高校引入的大量博士、中小学"扩招"的高学历教师。教师招聘已经不再注重是否"师范出身",由此很多教师对专业发展有所担忧,对学校而言如何推进教师专业发展也愈加重要。

　　任职于某大学的S老师是一位博士毕业的新晋专业老师,相较于受过系统教育类培训学习的师范生,她对站上讲台感到格外紧张。虽然经过认真备课和精心准备,但是她第一学期的学生评价并不高。类似S老师这样的情况,在目前各级各类学校招聘新教师时很常见,如何补上教育这门课程至关重要。除完成教师岗前培训外,S老师希望有教育专家为新教师系统梳理上课的规范及方法,由资深教师开设讲课艺术的专题讲座,进行辅导,加强新老教师结对,并在日常听课的基础上,多开展一对一的指导,督促自己提高教育教学能力,从而获得

① 台湾师范教育学会.教师专业[M].台北:台湾师范大学书苑出版社,1992:1-18.

教师专业发展。

任职于某大学的辅导员王老师认为,虽然辅导员是传统意义上相比"专业"来说更宽泛的教师队伍,但近几年她深刻感受到针对这支队伍的"专业素养"要求越来越高。多年来,各地学校通过辅导员素质能力大赛、案例大赛、工作室建设等多途径,鼓励并引导辅导员队伍提升思政教育水平与育人能力,快速迈开专业化建设步伐。无论原来是什么专业毕业,辅导员都必须学好教育学、心理学、思想政治理论等教师所需要的知识,具备教师的能力与素养。教师作为一种专业性很强的职业,必须实现专业化发展。

二、论素质与专业素质

素质是一个统称概念,是人的修养的总和,往往包含人的思想、身体和文化等方面。"人的素质是由诸种系统所构建起来的整体,各种素质是构成整体素质的要素。整体素质水平取决于要素的水平及要素之间结构的合理性。"[①]

专业素质的概念不等同于素质的概念。有学者认为"专业素质是人的素质的一种,是专业工作能力形成的内在因素,专业素质具有人的素质所具有的一切属性"[②]。

某中学安老师是一名高级教师,他认为,对教师素质的要求是必须关心每一位学生的成长与成才。而面对全班各不相同的学生采用统一的教学方式,会导致有的学生不适应,很容易产生所谓的"差生"。教学方法要与学生的个性差异相匹配。他通过谈话交流主动了解学生,由此不但了解了学生的性格特点,而且增加了师生的感情;他在课堂中针对不同的学生提不同的问题,课后根据学生对知识的掌握程度布置分层作业。学生的学习效率、综合素质大幅提升。

三、教师专业素质结构

教师专业素质结构是指教师专业素质中比较稳定的构成要素,一般包括专业知识、专业能力和专业伦理三个维度的内容。根据本书研究者的以往成果,我们构建了三个维度相互关联的一般模型(图1.1),教师应该具备的专业素质内容在不同类型教育阶段具有共通性,只是侧重点有所不同。专业知识是从事教师工作需具备的知识体系,包括社会生活的通识性知识、理实结合的学科性知识、教育教学的方法性知识等。专业能力是教师从事教育教学工作必须具备的专门能力,主要有教育教学能力、科学研究能力和社会服务能力等。其中,教育教学能力包括语言表达能力、教学

---

① 张志越.教师专业发展与专业素质[M].太原:山西科学技术出版社,2002:87.
② 李志清.试谈专业素质[J].山西财经学院学报,1987(5):26-30.

设计与实施能力、教学组织与评价能力、学生诉求倾听能力、学习指导能力等;科学研究能力包括科研中的问题意识和创新意识,实证研究和科研成果转化能力,以及研究报告和论文撰写能力等;社会服务能力包括决策咨询、技术服务、技能培训、文化传播能力等。专业伦理是指从事教师这一职业必须遵循的伦理规范,主要包括奉献教育的专业信念、关爱学生的专业情感、务实严谨的专业规范等内容。

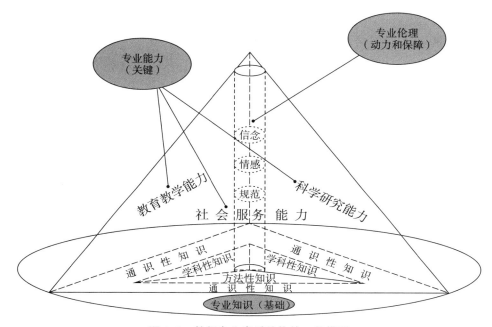

图 1.1　教师专业素质结构的一般模型

四、关于教师专业发展

本书将教师专业发展的概念界定为:教师既是一种职业,又具有很强的专业性,这就要求从事教学工作的人除具备教师的一般职业能力外,还应具备与该职业相匹配的专业能力。这一发展概念兼顾过程性和目标导向性。

任职于某普通高中的冯老师认为,教师专业发展就是让自己入职教师岗位后,不断地学习理论、提高修养和钻研业务,快速获得成长。成长包括:教师素养提升——具备良好的师德和培养教师的责任心;教学能力提升——能教出好的成绩,培养全面发展的学生,让自己和学生都有获得感;科研能力提升——会开展教学研究从而提高自己的教学能力,多参加教学比赛从而提升自己的教学水平,成为教科研先进工作者等。这些是教师发展过程中理所应当的重要目标,虽然不能面面俱到、全部达成,但也要全力以赴。

"教师专业发展"包含两个方面:一是个体层面,是指教师个体的、内在的专业性提升,是教师专业成长或教师专业素质结构不断更新、演进和丰富的过程。二是群体层面,是指教师群体的、外在的专业性提升,是教师职业地位的象征,即教师专业发展和教师职业地位确立的标志。教师应该将个体专业发展与整个学校的教师群体专业发展结合起来,协调好二者之间的关系,共同提升教师专业发展水平。

第二节　现代教师专业标准

国内外关于教师专业化的研究多从社会学角度展开。社会学的研究认为,专业(profession)和职业(vocation,occupation,trade,craft)的区别主要包括以下四点:第一,专业是以专门的高深知识和复杂技能为工作的基础,而普通职业只以经验为依据,缺少相应的学术基础。第二,专业需要接受长时间的专业化训练,一般以是否接受高等专门教育为标志,而职业则是基于个体的工作经验。第三,专业可以提供更好的社会服务,专业人员将提供社会服务作为一种社会奉献和责任,相比于服务取得的报酬,专业人员更看重职业的社会责任和报酬。因此,专业享有更高的社会声誉。普通职业从业人员一般把提供服务作为谋生的手段,职业的社会声望也低于专业。第四,专业具有更强的创新性,通过不断的创新改进专业服务。职业更多地体现工匠式的特点,其工作内容多为经验式的重复,创新性不强。[①] 综合已有的研究成果和教师职业的特点,教师职业符合专业的基本标准,是一项专门的职业,但还不是成熟的专业,是正在发展中的专业。

"教师职业是世界上组织得最严密的职业之一,所以教师组织在各个领域能够起着并正在起着极大的作用。"[②]教师专业组织已经广泛分布于世界各国,在发达国家教师专业组织的发展尤为成熟。如美国的全国教育协会(National Education Association,NEA)、美国教师联合会(American Federation of Teachers,AFT)、日本教职员工会(Japanese Teachers Union)、澳大利亚教师联合会(Australian Teacher's Federation,ATF)、英国全国教师联合会(National Union of Teachers,NUT)、加拿大教师联合会(Canadian Teachers' Federation,CTF)等,这些教师专业组织在提高教师的专业水平,争取教师的专业地位,促进教师专业发展等方面起到了重要作用。

---

① 刘捷.专业化:挑战 21 世纪的教师[M].北京:教育科学出版社,2002:54.
② 联合国教科文组织.教育:财富蕴藏其中[M].北京:教育科学出版社,1996:137.

一、现代教师专业要求

(一)教师职业有明确的学科知识基础

"传道、授业、解惑"都是以知识为基础的,"学高为师"是对教师学科知识要求的形象表述。从世界各国教师入职的要求来看,接受高等教育并获学士、硕士、博士学位已经成为获得各级各类学校教师职业的必备条件,教师职业对知识的掌握有着特殊的要求。首先,教师应该对学科的基础性知识、技能有广泛而准确的理解,熟练掌握相关的技能、技巧,以准确无误地将知识传授给学生,同时利于教师将精力放在教学设计上。其次,教师还要了解与所教学科相关的知识,尤其是相关知识的性质、逻辑关系。再次,教师要了解所教学科知识的历史、发展趋势、价值和意义等。最后,教师要掌握所教学科认识世界的视角及思维工具与方法,以在教育教学过程中培养学生正确的思维方式。① 除了拥有扎实的学科知识,教师还需要具备教育教学方面的知识,如教育原理、教学论、教育管理、教育技术、学生发展的心理学等方面的知识,以科学地施教。同时,教师还需要具备一般的普通文化知识,这样既可以满足学生多样化发展的需求,也可以为自己接受继续教育、专业持续发展提供必要的基础。

> 就职于某高职院校的周老师,在入职三年后决定申请读博,原来的硕士所在专业为工商管理,他说提升学历的目的首先是获得更扎实的学科专业知识。他觉得自己在教学和学术研究中还有很多不足,可以通过继续学习获得帮助。另外提升学历在高校是趋势,非常有必要。他联系了以往求学的学校,路程不远,环境也更熟悉,下定决心后便迅速行动,顺利入学。

(二)从事教师职业需要接受系统的教育教学训练

自师范教育产生以来,教师入职前的专业训练已越来越多地受到重视。师范教育产生之初,对教师的训练主要是"采用艺徒制的方法,使学生获得一些感性的认识和教学的经验,教育理论知识尚未进入正式的课堂"②。当前,学习教育理论和接受教育教学技能的训练已经成为教师入职的必备条件,教育专业发展学院或教师教育学院已经成为高等学校的专业学院。

> 汪老师从师范学校毕业进入某个初中任教,所教的是英语。她认为,师范教育注重对教学方法进行系统的训练,她比其他非师范学校毕业的老师更容易进

---

① 叶澜.新世纪教师专业素养初探[J].教育研究与实验,1998(1):41-46,72.
② 刘捷.专业化:挑战 21 世纪的教师[M].北京:教育科学出版社,2002:94.

入教师状态,对教育教学的实际问题也会用教育学、心理学和教学法等去思考并加以解决。她认为跟同年新进学校的教师相比,教育教学训练是自己的优势,而且在入职以后,也需要进一步学习这类专业的知识和技能。

(三)教师职业有一定的专业自主权

教师职业的自主权主要表现在教育教学过程中。教师在如何设计教学方式方法、组织教学、学生管理等方面拥有专业自主权,但与医生、律师等职业相比,教师的专业自主权还相对较弱,如当前教师对课程内容的选择缺少自主权,这在中小学表现得更为明显。

(四)教师工作是学术职业

教师工作不是经验的简单重复,而是需要从事研究,以研究促进工作。对于基础教育阶段教师而言,除了要从事教育教学、学生管理研究外,还需要关注学科知识的创新研究;对于高校教师而言,从事学科方面的创新研究和从事教育教学方法研究都是从事教师职业的必备条件。因此,教师职业被认为是"学术职业",并已经得到广泛的认可。

(五)教师工作需要具备专业伦理

世界各国都强调教师工作的专业伦理,这不仅是教师职业道德的核心,更是其教育行为的准则和灵魂。专业伦理处理的是教师工作中一系列的人际关系,包括与学生、与同事、与家长等。专业伦理首先体现在教师要始终保持对学生的尊重与关爱,平等对待每一个学生;其次,强调教师的学术诚信和职业操守;此外,专业伦理还要求教师具备团队合作精神和持续发展的意识,不断学习新知识、新技能,以适应不断变化的教育环境。

总之,教师工作不是什么人都可以做,它不仅需要具备职业所需要的专业知识和能力,而且还需要有教师职业所约定俗成的基本伦理道德等。

二、国家教师专业标准

不同类型教育的人才培养目标、教育教学方式存在着一定的差异,由此对教师素质的要求也不同。出于收集案例和著述的方便,我们主要根据学校类型将教师分为基础教育(含学前教育)、职业教育(含中高职、成人、特殊教育)、高等教育三大类教师,在实践中教师专业要求的提出或专业标准的制定则要根据更细的教育类型加以区分,以增强严谨性、科学性。

为构建新时代我国教师专业标准体系、建设高素质专业化教师队伍,2012年以来,教育部颁布了《幼儿园教师专业标准(试行)》《小学教师专业标准(试行)》《中学教师专业标准(试行)》《中等职业学校教师专业标准(试行)》《特殊教育教师专业标准(试行)》等一系列文件。专业标准是国家对各级各类学校合格教师专业素质的基本要求,是教师实施教育教学行为的基本规范,是引领教师专业发展的基本准则,是教师培养、准入、培训、考核等工作的重要依据。

【延伸阅读】教育部已颁布的各类教师专业标准试行稿

请扫码阅读:

第三节　中外名家教育要论

教师是人类社会最古老的职业之一,在人类的历史发展过程中,这一职业群体一直扮演着"传道、授业、解惑"的角色。本节选取部分中外教育名家关于教育教学的论述,既从横向的时间维度考察教师群体的历史命运,也从纵向比较角度考察中外教师专业素质演变的特点。古今中外教育名家一般具有深邃的思考、持续的探索和广泛的影响,他们的思想不仅在教育领域有重要地位,而且对人类思考、文化和社会发展产生了深远的影响,能为广大教师、学生提供学习参考,并为教师专业发展提供有益的启示和借鉴。

一、孔子的六条"为师之道"论

(一)有教无类

子适卫,冉有仆。子曰:"庶矣哉。"冉有曰:"既庶矣,又何加焉?"曰:"富之。"曰:"既富矣,又何加焉?"曰:"教之。"[1]这一记载表明只要本人有学习意愿,就可以来孔子门下受教。他的弟子身份各异,来自不同阶层。以平民出身为主,如颜回、子路、曾参、仲弓等;有商人出身的,如子贡;也有少数贵族出身的,如孟懿子、司马牛等。同时

---

① 陈晓芬译注.论语(中华经典藏书·升级版)[M].北京:中华书局有限公司,2022.

他的弟子也来自齐、鲁、宋、卫、秦、晋、陈、蔡、吴、楚等诸侯各国。可见他私学中人员组成结构之复杂。"有教无类"的思想打破了贵族阶级对教育的垄断,既满足了平民受教育的愿望,也适应了社会发展的需求,是重大的历史性进步。

(二)因材施教

孔子的学生来源各异:国家不同、阶级不同、年龄不同、基础不同,用相同的教学手法对他们进行统一的教学是不现实的,因而孔子从每个人的实际情况出发,依托个人的性格和要求开展教学。因材施教的先决条件是承认学生的差异性。为了解学生,孔子主要采用两种方法:一是谈话法。有时是与个别的人谈,有时是与几人聚在一起谈。他通过谈话了解学生的性格差异,也了解他们各自的志向和受教育的目的。二是观察法。他提出"听其言而观其行",即不只听他说的,也要观察他做的;提出"退而省其私",即不只看公开场合的行为表现,也要看私下的表现;提出"视其所以,观其所由,察其所安",即不以片面行为判断个人,还要对他进行全过程考察。也是通过这些方法,他对学生有了更准确的了解,如"由也果""赐也达""求也艺""柴也愚,参也鲁,师也辟,由也喭""师也过,商也不及""求也退""由也兼人"等对学生的评价。此外,孔子在了解他们的基础上开展教育,如对"仁"的解答,他根据颜回、樊迟、仲弓、子贡、司马牛、子张为人不同的特征,给出了角度各异的回答。

(三)启发式教育

"不愤不启,不悱不发。举一隅不以三隅反,则不复也。"① 孔子是世界上最早提出启发式教育思想的教育家。在孔子的教育观点中,他认为学习要建立在学生的主观能动性上,必须培养学生的思考能力,学生只有依靠自己的思考,才能真正有效地获得知识、运用知识。这一观点运用到教学中时,教师先要让学生思考,在他思考相当一段时间后依旧找不到答案的情况下,再去启发他;或者是在学生思考后有所悟,但无法用准确的语言来表述,就可以去引导他。这种启发教学包含三个基本要点:一是教师要充分激发学生的求知欲,积极引导学生去探索未知领域,学会思考问题并尝试用适当的言辞对其加以表述;二是教师必须在学生充分思考后再对其进行启发;三是举一反三,扩大认识范围,提升学生思考能力。

(四)学而不厌

"发愤忘食,乐以忘忧,不知老之将至云尔。"②孔子作为施教者,非常重视自身的学习,他强调教师要尽到自身的职责,要有广博的知识和高尚的品德。在学习这件事上,他始终坚持"学如不及,犹恐失之"的积极态度。同时他也强调要"温故而知新",

---

① 陈晓芬译注.论语(中华经典藏书·升级版)[M].北京:中华书局有限公司,2022.
② 同上。

教师的学习也不是一蹴而就的,既要了解过去既定的知识和历史,又要以史为鉴,以此来解决现实的问题;已经学过的知识也要不断地通过温习,来深入认知。

（五）诲人不倦

"若圣与仁,则吾岂敢。抑为（学）之不厌,诲人不倦,则可谓云尔已矣。"[①]孔子从30岁开始施教以来,教育事业贯穿他的一生,即使从政期间,他也从来没有停止过自己的教育事业。如前所述,他的弟子来自各国且身份各异,对于希望受教的弟子,他都来者不拒悉心教导,并由此培养了大量的弟子。即使是一些本来起点比较低的,或者品行并不那么高尚的,他也积极地引导他们。例如子路,一开始被认为是无恒的庸人,但孔子还是将他教导为突出人才;例如公冶长坐过牢,他也不歧视。这一切都源于他对学生的高度责任感和作为教师对学生的爱护之情。他强调"后生可畏",他始终对自己的学生充满信心,寄予厚望。

（六）教学相长

《论语》中记载了大量孔子与学生的对话,体现在教学过程中,孔子并非单方面地传授知识。他在教学过程中,不仅为学生答疑解惑,还与学生开展学术探讨、学问切磋。在这一来一往的过程中,学生的疑惑得到了解答,而教师也借此过程获得对知识的新的理解和感悟。这是孔子一直乐于做的事,也是他所提倡的教学方式。

【延伸阅读】孔子生平及经典赏读
请扫码阅读：

二、苏格拉底论教的内容与方法

（一）强调教育的实用价值

苏格拉底的思想重点落脚于哲学和民众教育。教育的发展与社会政治的支持密不可分,强调教育的社会实用价值。从苏格拉底所处时代来看,雅典社会呈衰败之势,当时国家战争频发,社会道德水平江河日下。面对衰落的祖国和层出不穷的灾难,作为一个对雅典城邦饱含深情的公民,苏格拉底试图用自己的哲学思想和教育实

---

① 陈晓芬译注.论语（中华经典藏书·升级版）[M].北京:中华书局有限公司,2022.

践挽救祖国。他认为问题的主要原因是人道德的堕落,他提出"认识你自己"。苏格拉底把哲学当作一门实用的技艺,认为学习技艺的目的在于能够用其所学为社会服务。同时,在他看来,教育的主要目的是培养国家所需要的贤达人士,他希望通过教育达成圣贤治国的目标,最终实现以教兴国。

(二)强调专业化教育

苏格拉底提到:"在农业方面是那些善于种田的人,在医学方面是那些精通医道的人,在政治方面是那些好的政治家们。"他反对熟悉某一特殊技艺的人对其他行业指手画脚,并将这一观点放诸政治家的培养上,他认为政治是一门不同于其他行业、并非人人都能掌握的专业技术。这一思想也反映了古希腊当时政治专业化、知识化的历史趋势。他在《普罗塔哥拉篇》中说:"公民大众在诸如建筑、造船等问题上要请教专家,那些没有专业知识和经验的人往往要被轰下台;但到了政府事务时,他们却准备听取任何人的意见,无论他是建筑师、铁匠、商人、船夫,还是穷人或者富人,出身好的人或不好的人。"[①]因此,对于雅典公民人人都可在公民大会上讨论重大问题,并拥有同样投票权的做法,苏格拉底持反对态度。他反复告诫自己的学生,在政治问题上,必须有真才实学,否则后果不堪设想;作为统治者,必须掌握与国家事务相关的精确而专业的知识,这样才能为自己带来荣光,对国家发展有裨益。他不断劝诫自己的学生戒骄戒躁,想要表现成什么样的人,就必须努力成为这样的人;如果不是这样的人,却假意冒充,只会为自己带来麻烦与耻笑,甚至对国家利益造成损害。他以"吹笛子"作为比喻:一个不擅长吹笛的人,却吹嘘自己擅长吹笛,在最后非但不可能因此受益,更会在谎言拆穿后使得自己成为别人口中的笑话,为自己带来耻辱。在他看来要成为统治者,必须充分掌握专业的治理技能并培养治国的能力。

(三)教育内容:美德即知识

"美德即知识"是苏格拉底道德理论和道德教育哲学的基本命题。他提出"自制是一切美德的基础","自制是人的一个光荣而有价值的美德"。在他看来,智慧是最大的善,不自制会使人沉溺于某些快乐,丧失辨别好坏的能力,缺乏理智,从而远离智慧。苏格拉底认为美德是一种知识,知识就是出于理性,美德就是出自人类共有的理智本性,具备共同的、客观的、绝对的价值标准;同时,既然是知识,知识是可教的,因此美德也是普遍的、客观的、绝对的和可教的。在苏格拉底看来,人是由身体和灵魂组成的,在此基础上,针对"人的身体"他分解出体育和医学两个学科,针对"人的灵魂"他分解出立法和道德两个学科。立法和体育相对应,道德与医学相对应,体育和医学、立法和道德相互联系、相互渗透。由此可见,苏格拉底对体育是十分重视的,他

---

① 任钟印,黄学溥,吴式颖.外国教育思想通史[M].北京:北京师范大学出版社,2017.

认为人可以通过严格的体育训练,经受严寒、酷暑等极端条件的考验。[①] 此外,苏格拉底的"美德即知识"强调道德实践,契合知行合一的理念。

(四)教学方法:启发式教学——助产术

苏格拉底在教学中采用"助产术",也称"产婆术"。"助产术"由诘问、定义、归纳、总结几部分构成,通过问答法促使学生思考,并主动寻求答案。例如,他从不说自己对美德的看法,反之他以自己无知的态度,向那些自视有智慧的人求教,向他们请教何为美德、正义、勇敢等,当对方提出定义时,苏格拉底会通过一些事例加以反驳,指出运用中不恰当或不充分之处,促使对方最终承认自己不足或者错误,从而推出新定义。他通过揭示对方定义中的自相矛盾之处,启发对方一步一步意识到自身的无知和局限性,最终引导他们逐步认知真理。苏格拉底的母亲是一名助产士,他把自己的教育方式称为"精神助产术",把精神助产与实际助产进行类比。在苏格拉底看来,美德是客观、绝对的,本来就存在于人们的心灵中,如同胎儿在母亲肚子里一样,但与感性等其他事物混杂在一起,自己通过谈话方式帮助人们去除杂质,启发人的理性灵魂。他的这一教学方式在一定程度上避免了灌输式教学法,提高了受教育者对知识的认识和理解,是一种启发式教学法。

> 初中科学高级教师陈老师所理解的"助产术"是:老师是"接生婆",学生是"孕妇",而孕妇产下的胎儿是学生内在的潜质,通过老师的"助产",使学生主动学习、思考,从而发掘自己的潜力和才能。他以往一直认为老师是木桶,学生是杯子,老师要装满水才能把学生的杯子倒满水。但是他发现老师主动灌输、学生被动接受的这种教学方式效果不佳。后来在教学中采用启发式教学,促使学生思考,并主动寻求答案,让学生自己真正把外在的知识"内化",调动了学生的学习积极性,提高了学习效果。苏格拉底的"助产术"让我们反思现代的教育是否忽略了培养学生独立思考和解决问题的能力。

【延伸阅读】苏格拉底生平及经典赏读

请扫码阅读:

---

① 李绍勇.关于孔子与苏格拉底教育思想的跨时空讨论[J].今古文创,2022(5):123-125.

三、洪堡论大学精神与教师职责

（一）新人文主义教育思想

洪堡是德国教育史上新人文主义教育思想代表人物，他所创建的柏林大学是他新人文主义教育思想的重要体现，他从教育理论到教育改革实践都大大丰富了新人文主义教育思想的内涵。这一思想主要体现在他对古希腊的认知上，在他看来，对古希腊的学习一方面是通过历史对古代民族的特征形成认知，另一方面是要回归现实。他评价席勒以古希腊为榜样的"目的在于最终放弃古希腊这个榜样，这是天才性的思想"。同时他认可歌德以古希腊精神为本质，并立足于现实。对洪堡而言最重要的是"做人和做有教养的人"，他把这种新人文主义的思想运用到教育中，将教育看作为人的本质，形成以人为本的教育思想。这一思想最集中的体现就是他对"普通教育"的倡导，他反对封建社会的等级教育，在他看来，教育是普通的，也是普遍的。从这层意义上讲，他的教育思想达到了极高的境界，这一思想在资本主义上升阶段、在人的异化过程中有着十分积极的意义。他强调即使最底层的人也有获得良好教育的权利；同时他强调教育要把人当作真正的人来培养，充分重视与捍卫人的尊严，强调教育的"全面性"与"纯粹性"，"全面性"的含义并非培养全才，而在于承认每个人都可以是自由的研究者与创造者。

（二）自由与独立

洪堡的纯科学是独立于国家与社会之上的，他提出"自由是必需的，寂寞是有益的；大学全部的外在组织即以这两点为依据"。这意味着无论是政治权力还是市民社会都不能对大学随意发号施令，这一思想更强化了大学"象牙塔"的地位，在大学和社会之间，构建一个缓冲地带。具体来说，"寂寞"即意味着"独立"，其内涵主要包括以下三个方面：一是大学的发展与运行不受国家力量介入，应当独立于任何国家组织形式，绝不隶属于政府管理系统。二是大学应当独立于社会经济生活。大学的主要任务是培养科学精神与修养，这就意味着科学与社会经济生活有着巨大差别，科学只有独立于日常生活之外，才有可能创造更高的价值与福祉。三是大学师生应当具备甘于寂寞的精神，大学教师的主要职责是研究高深学问，大学的学习与研究不能随意被世俗干扰。但值得关注的是，他说的"寂寞"并非在研究中孑然一身，他非常强调合作的价值。"自由"的内涵则主要包含两个方面：一是学习自由，二是教学自由。这也是大学办学的基本方针。

（三）科学的统一性

洪堡创建柏林大学，在他看来，学生对科学的统一性有充足的认知是大学教育区别于中小学教育的重要标志。"科学的统一性"的内涵一是强调哲学在各门学科中的基础性地位；二是强调大学的"大"，各类学科海纳百川，以此实现理论与实践的结合，进而推动科学研究的统一性和创造的可能性。在柏林大学，教育的目的在于培养一个真正具有科学修养的人；课程的教学不是对那些陈旧教材的复述，而是以教学自由为准则。教授不再是主持教学工作的国家官员，而是独立的学者，同时是学生开展科学研究的引导人，进而培养学生的科学研究能力。

（四）教学与科研相结合

在洪堡看来，大学中的师生关系打破了原有简单的"教"和"学"。他反对在大学将知识看作封闭系统，认为知识是在不断变化的、开放的；他提出应当将科学看作是没有彻底解决的问题，因此始终处于被研究的状态。中学教育中的教学是与既定的知识产生联系，而大学则完全不同，教师并不是为学生而存在，教师和学生是共同为科学而存在。因此大学教学应当做到与科研相结合，学生在大学里应当培养与历练独立科研的能力。他要培养的学生不是对已有知识的照本宣科、亦步亦趋，而是具有创造力的。同时他也提出要为大学科研创造优渥的条件与环境——"科学自由"。这里的"自由"包含两方面：一方面是科学独立于国家，即政治权利不得干涉科学，不得成为大学科研的障碍；另一方面要始终确保提供充足的科研经费，即保障科研人员无须为生计奔波，有足够的资金条件心无旁骛地从事科学研究。

【延伸阅读】洪堡生平及经典赏读

请扫码阅读：

四、黄炎培对于职业教育的革新

（一）强调职业教育的作用与地位

在黄炎培看来，职业教育的功能在于"谋个性之发展""为个人谋生之准备""为个人服务社会之准备""为国家及世界增进生产力之准备"。[①] 开展职业教育，提高国民职业素养，社会从业者受到良好训练，适应社会发展需求，有助于消除贫困，解决当时中国人亟待解决的生计问题，并使公民享有自由权利，从而保障国家根基的稳固。在

---

① 吴玉伦.黄炎培大职业教育思想的理论价值[J].洛阳大学学报，2003，18(3)：114-116.

整个教育体制中,黄炎培认为,职业教育应是"一贯的""正统的""整个的"。"一贯的"即指职业教育建立起"职业陶冶—职业指导—职业教育—职业补习和再补习"的体系,贯穿于全部教育过程与职业生涯。① 强调职业教育与普通教育的地位应相同。

(二)职业教育的目的

黄炎培的职业教育是在当时中国广大学子失业、人民生计困难、百业不良的背景下提出来的,他强调"使无业者有业,使有业者乐业",并将其视为职业教育的终极目标。"使无业者有业"指通过职业教育改善失业问题,保障人民的生计,同时为工商业发展储备适用人才。如 1918 年他创办中华职业学校,考虑到上海市西南区"贫困无业者,较他处为多",因而办学选址于此有助于当地子弟改善生活;同时最先开设和普通百姓生活最密切相关且为工业发展所需的作为基础技能的铁工和木工两科。此外,他在上海及其他地区创办了各类职业学校、补习学校及指导机构等。

(三)职业教育的方针

1. 社会化

在黄炎培看来,职业教育唯一的生命是"社会化"。他提到:"办理职业教育,并须注意时代趋势与应走之途径,社会需要某种人才,即办某种学校。"②在他看来,相较于传统教育,职业教育更受到社会经济发展的影响与制约,与社会生活的关系更加紧密。如在教学方法上,他强调要到工厂、农村、企业等实地考察,注重学生的实习与训练;在办学模式上,他强调办职业学校要跟工商职业界保持密切联系。他重视对职业界人才的利用,甚至是在校长人选上,他也强调要具有"社会活动力"。

2. 科学化

在黄炎培看来,职业教育的"科学化"是指"用科学来解决职业教育问题"。职业教育主要可分为物质和人事两方面:就前者而言包括工农商等方面的专业课程设置、教材、实习等,切忌头脑发热、随意跟风,要尊重科学精神,体现科学态度;就后者而言,包括教育管理的组织、机构自身的建设等。黄炎培尝试在社会心理学和职业心理学基础上设立职业教育,他率先用心理测验方式开展招生并为学生确立适宜从事的专业。

(四)职业教育的教学原则

黄炎培强调"手脑并用""做学合一"。在他看来,传统社会中,教育与社会是脱节

---

① 吴玉伦.黄炎培大职业教育思想的理论价值[J].洛阳大学学报,2003,18(3):114-116.
② 杨绪利.我国职业技术教育研究的发展历程[J].山东工业大学学报(社会科学版),2000(6):69-72.

的，职业教育是为了培养真正具备有效生产能力的人，因此必须"要把读书和做工两下并起家来"。他强调教学的每一环节都要与实际紧密联系。中华职业学校的校徽是象征双手万能的符号，校歌歌词是："用我手用我脑，不单是用我笔；要做，不单是要说，是我中华职业学校的金科玉律。"[①]在实际教学中，部分专业规定"每周授业时间均为 48 小时，其中上课 24 小时，实习 24 小时，但至必要时于休息时间亦得课以实习"。[②] 学校要附设工厂、商店、银行等，为学生提供实习场所。学生修业期满后仅有修业证书，只有到工作单位实习一年并考察合格后，才能获取毕业证书。

【延伸阅读】黄炎培生平及经典赏读

请扫码阅读：

五、陶行知的生活教育与教学法

（一）生活教育理论

生活教育理论是陶行知教育思想的核心，这一理论是陶行知在充分了解与适应中国当时国情基础上，对杜威"教育即生活，学校即社会"教育理念的本土化的实践与改造。他的生活教育理论包含三个层面：生活即教育、社会即学校、教学做合一。

1. 生活即教育

"生活即教育"是生活教育理论的核心。他反对脱离生活的死教育、死学校、死书本，他所说的"教育"是以"生活"为前提的与实际生活相结合的教育。他所说的"生活"并非狭义上的，而是广义的包含一切人类生活所需的"生活"。教育与生活是相辅相成、彼此促进的，两者是处于同一过程中的。他提出教育是与生活息息相关的终身教育，现实生活就是教育的中心，为"生活所必需"的教育就是有意义的。此外，"生活即教育"也强调"当下"的概念，他提出"我们是现代的人，要过现代的生活，就是要受现代的教育"。

2. 社会即学校

"社会即学校"与"生活即教育"有着连带关系，这一说法将杜威的说法"翻了半个

---

① 郑航芝.黄炎培"手脑并用""做学合一"教学原则的文化取向[J].职业技术教育,2008(19)：83-85.

② 潘懋元.黄炎培职业教育思想对当前高等职业教育的启示[J].教育研究,2007(1)：45-50, 56.

筋斗",是在对杜威教育思想进行批判的基础上得出的。陶行知主张打通学校和社会,为人民创办学校,为社会培养所需要的人才。

3. 教学做合一

陶行知深受杜威"从做中学"思想影响,提出"教学做合一",这五个字也是陶行知教育理念的核心观点之一。他开展了一系列体现这一理念的实践:1926 年与赵叔愚等人筹办乡村师范学校;1927 年成立晓庄师范开展乡村教育;1932 年在上海创办山海工学团,首创"小先生制"。在晓庄师范期间,他就将"教学做合一"作为该校的校训。陶行知所说的"教学做合一"的"做"与杜威"从做中学"的"做"并不完全等同,陶行知所说的"做"是"行是知之始"的"行"。他认为"行是知之始,知是行之成",强调实践的重要性。他强调"教学做是一件事",这"一件事"体现在:在身份上,"先生与学生并没有严格的分别。实际上,如果破除成见,六十岁的老翁可以跟六岁的儿童学好些事情"。① 在地点上,他提出"种田这件事是要在田里做的,便须在田里学,在田里教。游泳也是如此。游水是在水里做的事,便须在水里学,在水里教"②。在目的上,他提出"关于种稻的讲解不是为讲解而讲解,乃是为种稻而讲解;关于种稻而看书,不是为看书而看书,乃是为种稻而看书"③。由此可得:"做是学的中心,也就是教的中心。"

(二)活的教育

陶行知将"教学做合一"作为晓庄师范的校训,同时他亲自设计了该校的校旗,旗子的中间写了一个"活"字。陶行知提出"活的教育"是"活的教师"用"活的方法"培养"活的学生"的过程,"活的教育"包含生活的教育、创造的教育、精神的教育等多层含义,所以,要用活的人去教活的人、拿活的东西去教活的学生、拿活的书籍去教小孩子。④ 他也提出两个活的教育方法:设计教授法,依计划去找实现法。

> 某区职高教师张老师刚参加工作时,总担心课上不好,每次上课前总把要上的内容和要做的题背得滚瓜烂熟,唯恐自己遗漏知识点。课堂教学时自己把内容讲完就觉得目标达成,自己讲得头头是道,学生听着很无聊,课堂教学效率低。后来学习了"教学做合一"的教学法,教学不再仅限于教室之内和课堂之上,主动设计和布置更多让学生动手实践的作业,让学生从实际生活和岗位操作要求中寻找完成动手作业的灵感,改变学生评价仅仅依靠书面考试的方式。有的学生创造了令人耳目一新的小作品,获得了大家的认可,学生的学习自信心也大为增强。

---

① 陶行知.生活即教育[M].武汉:长江文艺出版社,2021.
② 同上。
③ 同上。
④ 陶行知.陶行知文集[M].太原:山西教育出版社,2021.

另一位尹老师说,"教育即生长"的教育理念使我反思在教育过程中,是否给了学生足够的空间去发挥他们的主动性和创造性。每个学生都有自己的成长节奏和特点,教育应该尊重这些差异,为学生提供适宜的环境和条件,让学生能够自由地探索、尝试和成长。

陶行知认为,教育就像用米喂鸡一样,如果按住公鸡的头,强迫它吃米,甚至把米硬往鸡的嘴里塞,大公鸡就会拼命挣扎不肯吃。如果松开手并后退几步,大公鸡自己就开始吃起米来。这就像教学时老师强迫学生去学习,把知识硬灌给他,他是不情愿学的,即使学也是食而不化,过不了多久,他还是会把知识还给老师。如果让学生自由地学习,充分发挥学生的主观能动性,那效果一定好得多。

【延伸阅读】陶行知生平及经典赏读

请扫码阅读:

六、苏霍姆林斯基给教师的建议

(一)强调教育的实用价值

苏霍姆林斯基最重要的教育信念是"培养全面和谐发展的人",这也是他教育思想的核心。他把"全面发展""和谐发展""个性发展"三者融为一体,率先提出个性的全面和谐发展。

1. 德智体美劳全面发展

苏霍姆林斯基明确提出德、智、体、美、劳各方面发展所要达到的程度,并用上述"五育"相互渗透的思想丰富全面发展理论。在他的全面和谐发展教育中,德育位居核心。他将德育归为四项任务:培养良好的道德习惯、培养高尚的道德情感、树立高尚的道德信念、树立高尚的道德理想。智育方面,他认为教育具有促进科技进步和实现人的全面发展的双重作用;智育的主要目的是智力开发,认为知识与智力是统一的。体育方面,他认为"体育是一个人得以全面、和谐发展的最重要因素"。美育方面,他认为美育是一种"情感教育",要求"把道德情感、智力情感和审美情感紧密地联系起来加以培养"。他提出多种实现美育的路径,强调大自然、艺术等在美育中的作用。同时他关注环境美、仪态美、劳动美及人际交往中的美的作用。劳育方面,他提出劳育具有进行社会、思想教育,培养创造性劳动态度等目的,对德育、智育、体育、美育都有着积极的促进作用。

2. 重视与尊重个体发展

苏霍姆林斯基说:"每个儿童,都是一个完整的世界。"在实践中,他把每一名在校学生都当作自己的研究对象,二十多年中,他直接观察的学生有 3700 余人,他通过与学生一起读书、活动、旅行,为每名学生写观察记录,从而发现他们的个性,探索各个年龄层的心理发展规律。学生始终是苏霍姆林斯基关注的中心,他主要从两方面出发:一方面是学生发展所处的社会环境;另一方面更为重要的是学生个体的发展特点,包括智力、性格、兴趣、志向、情感等多种特征。

(二)树立"爱孩子"的信念

苏霍姆林斯基说过生活中最主要的就是爱孩子。他认为爱孩子就要成为"孩子们的朋友和同志",从而了解并熟悉他们的精神世界。作为校长,他还身兼一个班的班主任,从学生入学一直到毕业。他认为:"教育——这首先是人学。不了解孩子——不了解他的智力发展,他的思维、兴趣、爱好、才能、禀赋、倾向,就谈不上教育。"在与孩子们的朝夕相处中,通过观察他们的喜怒悲乐,加深对孩子们的了解与认知。同时他十分尊重保护学生的自尊心,提出"要让每个学生都抬起头来走路"的主张。在《寄语后来人》中,他对后辈教育者们寄予厚望并提出八条嘱托,其中一条就是要保护好学生的自尊心。但苏霍姆林斯基也指出,"爱孩子"绝非无条件地溺爱,而是通过集体教育塑造他们的品性,培养他们的道德与纪律感。

(三)做好教育管理者

苏霍姆林斯基在担任帕夫雷什中学校长期间积累了大量学校领导与管理经验,为后人提供了许多宝贵建议。一是做好组织者,健全学校行政组织机构,明确部门的作用、职能与权限;把由教师代表、学校各部门负责人、家长委员会代表组成的校务委员会作为学校的最高议事和决策机构。他主张抓好五项工作:召开学校校务会议、用说服的方式解决教师之间的矛盾、帮助教师提高完善教育技巧、明确校领导之间的分工、形成教师集体。二是树立专业的知识观。他认为身为校长,既要有丰富的科学文化知识,也要有扎实的专业学科知识;既要精通教育科学知识,也要懂得心理学、哲学等相关领域的知识。三是把自己的教育信念转化为全体教师的共同信念。苏霍姆林斯基坚持走群众路线,重视发挥集体的智慧与力量。他以精湛的领导艺术和高超的管理才能,始终将贯彻落实教育信念作为学校领导工作的重要组成部分。四是培养良好的教师观。苏霍姆林斯基认为一支优秀的教师队伍是办好一所学校不可或缺的,因此作为校领导,他了解每一名教师,提出要充分关心爱护教师,尽量减轻教师的负担。

终身从事教育工作的苏老师认为,在他的教育生涯启蒙阶段,对他产生最大影响的是苏联教育家苏霍姆林斯基写的《给教师的建议》一书,他在书中阐述的学生观,如"老师的心目中不应该有坏学生,只应该有心理不健康的学生",要以"爱的教育"帮助并转化特殊学生等,给了他极大的帮助和启发。刚站上讲台,他就明白一个教师不仅要热爱学生,还要学习爱的艺术,学会如何去热爱学生。如苏霍姆林斯基在书中多次提到要关注学生的心理健康,了解他们的内心困扰和需求。这使他在教学中更加注意与学生沟通,倾听他们的声音,努力为他们创造一个安全、舒适的学习环境;更使他深刻地认识到教育的重要性和教育者肩负的责任,教育者不仅要教书,更要育人,要关注学生的全面发展,帮助他们成为全面发展的人。《给教师的建议》不仅提升了他的教育理念和教学技能,还增强了他作为教育者的责任感和使命感,长期的实践使他成为一名优秀的教师。

【延伸阅读】苏霍姆林斯基生平及经典赏读

请扫码阅读:

思考题

1. 什么是"教师专业"? 教师专业和医生专业、律师专业的区别在哪里?

2. 国家教师职业专业标准是最高的标准吗? 国家教师职业专业标准设置的目标是什么?

3. 如何理解"有教无类"?

4. 苏格拉底启发式教学——"助产术"的教育价值是什么?

5. 如何理解苏霍姆林斯基说的"培养全面和谐发展的人"?

推荐阅读

1. 刘捷著《专业化:挑战 21 世纪的教师》,教育科学出版社,2002。

2. 朱旭东编《教师专业发展理论研究》,北京师范大学出版社,2011。

3. 教育部教师工作司组编《〈幼儿园教师专业标准(试行)〉解读》《〈小学教师专业标准(试行)〉解读》《〈中学教师专业标准(试行)〉解读》,北京师范大学出版社,2013。

4. 李方、钟祖荣主编《教师培训质量导航》,高等教育出版社,2014。

5. 孔子著,王福琪、焦金鹏编《论语》,光明日报出版社,2016.

6.〔苏〕苏霍姆林斯基著,杜殿坤编译《给教师的一百条建议》,教育科学出版社,1981。

7. 陶行知著《陶行知文集》,山西教育出版社,2021。

第二章　教师专业发展的基本内涵

　　理解教师专业发展的内涵要求是开展教师专业发展相关研究的逻辑起点。前文所述,教师专业素质结构包括专业知识、专业能力和专业伦理三个维度的内容,本章进一步阐述教师专业发展的内涵要求。

第一节　扎实的专业知识

　　专业知识是教师专业发展的基础。20世纪80年代以来,人们对教师的专业知识进行了较为系统的研究,有关教师专业知识的理论也逐渐形成。这个时期的研究主要沿着两条轨迹不断深化。

　　一是以舒尔曼(Shulman)为代表把知识的内容指向作为分类依据。舒尔曼提出,教师专业知识的结构框架分为学科内容知识(subject matter knowledge)、学科教学法知识(pedagogical content knowledge)、课程知识(curriculum knowledge)三类。后来舒尔曼和他的同事又拓展了教师专业知识的另外四个范畴:一般教学法知识(general pedagogical knowledge)、有关学习者及其特征的知识(knowledge of learners and their characteristics)、有关教育情境的知识(knowledge of educational context)、其他课程内容的知识(knowledge of other curriculum)。[①]

　　另一研究路径受波兰尼对缄默知识研究成果的影响,更加注重教师的实践知识。研究认为"对教师的教育活动真正产生影响的,并不是教学中描述的关于教师的应然知识,而是以动态、个性化的形式存在于教师个体的与教育活动密切相关的实然知识"。[②] 加拿大学者艾尔贝兹(Elbaz)在其著作《教师思想:实践性知识研究》中指出教师的个人知识包括与学生的学习兴趣、需求、优点、风格等有关的"第一手经验以及

---

　　① SHULMAN L S. Knowledge and Teaching:Foundation of the New Reform[J]. Harvard Educational Research,1987,77(1):22-32.

　　② 吴卫东.教师个人知识研究:以小学数学教师为例[M].北京:教育科学出版社,2011:14.

大量常用的教学技巧和课堂技能"①。我国学者陈向明则认为,教师的实践知识包括"教师的教育信念""教师的自我知识""教师的人际知识""教师的情境知识""教师的策略性知识""教师的批判反思知识"六类。②

基于已有研究成果,本书将教师专业知识分为三种类型的知识:社会生活的通识性知识、理实结合的学科性知识、教育教学的方法性知识。

一、社会生活的通识性知识

与其他劳动者一样,教师也是社会生活的成员,是社会的公民,应当具备作为合格公民的通识性知识;同时,教师承担着"传道、授业、解惑"的社会责任,社会对其知识的要求又高于对普通公民的要求。这里的通识性知识是指"有关当代科学和人文两方面的基本知识,以及工具性学科的扎实基础和熟练运用的技能、技巧"。③

随着现代科学的发展,学科之间的综合趋势越来越明显。学科之间的整体性、渗透性明显加强,知识的综合性越来越明显,人们在日常生活中需要运用多方面的知识应对问题。学生在学习中的接触面越来越广,视野越来越开阔,获取的信息渠道越来越多;教师在教育教学中需要运用多方面的知识才能满足学生学习和发展的多样化需求。

同时,随着知识更新速度的加快,个体需要具备广博的知识基础才能不断学习新知识,终身学习已经成为时代发展的趋势,具备广博的一般性文化知识也是教师终身学习和终身发展的需求。

二、理实结合的学科性知识

教师拥有的学科理论性知识是其有效从事教育教学的基础,也是"学高为师"的体现。在一定程度上,学生的学业成绩与教师拥有的学科理论性知识成正比,因为只有"拥有了一桶水,才能给学生一杯水"。教师的学科理论性知识应包括:(1)本学科基本概念、事实、原理等基本内容的知识;(2)本学科基本理论框架、结构和逻辑体系的知识;(3)学科发展历史、学术根源,本学科分支学科之间的相互关系,与本学科相关学科的基本知识;(4)本学科最新研究进展、发展趋势的知识;(5)本学科思维方式、研究方法的知识等。教师只有全面把握了所教学科的知识,才能在教学中融会贯通各个知识点,才能灵活地处理教学过程中遇到的学术性问题。

---

① 徐碧美.追求卓越:教师专业发展案例研究[M].陈静,李忠如,译.北京:人民教育出版社,2003:51.

② 陈向明.实践性知识:教师专业发展的知识基础[J].北京大学教育评论,2003(1):104-112.

③ 叶澜.新世纪教师专业素养初探[J].教育研究与实验,1998(1):41-46,72.

教育具有很强的实践性,学生的知识获得和能力培养都很重要,所以,教师除了应具备学科理论性知识外,还应具备将学科知识应用于社会实践的知识,即学科相关的实践性知识。教师应熟悉和掌握与所教学科相关的行业、职业领域社会生产生活实践经验。实践性知识是教师个人作为本领域专业人员,运用学科知识于社会生产生活实践中而获得的知识,类似于我们日常所说的个人工作经验,但高于经验,具有经验性、个体性、情境性。

以某应用型高校为例,该校实施"双百工程",推动更多年轻博士走进企业,提升科研教学水平,实现学校、企业、学院、教师个人等多方共赢的良性机制。力争建成百家深度合作的产学研协同基地和校外实习实训基地;培养百名双师双能型优秀教师;科技成果反哺教学,形成一批成果转化的课程教学案例。以实际参与该项目的姜教授为例,在某医疗设备有限公司的一年间,他深刻感受到,这一尝试为他之后教学知识的拓展和设计思维的跨领域创新提供了广阔的空间。

三、教育教学的方法性知识

教育教学的方法性知识能帮助教师科学合理地处理教学中的一般问题,是教师专业化的重要保障。教育的目标要求教师不但要把握如何将学科知识、技能传授给学生,还要在传授知识的过程中注重培养学生的态度、理想、价值观,养成良好的学习习惯等。因此,教师不仅要掌握课程相关的知识,还要掌握教育学原理、教学论、教育管理、学生心理特征等教育教学方法性的知识。教育教学方法性的知识主要由认识教育对象、从事教育教学活动和开展教育研究等专门知识构成。[1]

德国教育家第斯多惠(Diesterweg,1790—1866)认为,教育是对人的天性有目的的激发。但教育活动必须紧密结合教育对象的天性和自然发展规律进行"和谐培养",这样人的天性就会得到发展。教育的最高目标是激发主动性、培养独立性,教学的首要任务,就是启发学生的主动性。

教师只有持续不断地积累、更新自己的学科知识,才能保证自己的研究和教学能够紧跟任教学科发展的趋势,才能为自己的教学引来源源不断的"活水";只有不断地积累广博的通识文化知识,才能更好地满足学生多样化的发展需求;只有不断地更新自己的教育科学知识,才能为自己的教育教学工作提供理论指导,更好地从事教育教学工作。

王老师是一名高中化学教师,对教学充满热情,希望不断提升自己的专业水平。在充实知识方面,他主动参加教师培训和学术研讨,学习最新的教学理论和方法,并与其他教师交流教学经验,分享教学资源。他还积极参与教科研项目,

---

① 叶澜.新世纪教师专业素养初探[J].教育研究与实验,1998(1):41-46,72.

研究化学教学的新理论和新方法,撰写多篇教育论文,并在学术会议上做报告。

通过知识扩充和教学科研融会贯通,王老师的教学水平得到显著提升,多次获得教学比赛的奖项。他发表的多篇论文被学术界广泛认可,提高了自己的学术影响力,最终成功提升了自己的专业素养,为个人的专业发展奠定了坚实的基础。

第二节　熟练的专业能力

专业能力是教师专业发展的关键。新时代教师专业发展的能力维度要能体现时代性和实用性,体现素养本位的教师能力观,同时更关注学生的主体性。基于前文所述,教师专业能力是教师从事教育教学工作必须具备的专门能力,主要包含教育教学能力、科学研究能力和社会服务能力等。

一、教育教学能力

教育教学是教师专业最基本的活动。新的教育技术、教学方法和教学内容都要靠教师来实施。

(一)课程设计与实施能力

课程只是解决了教什么的问题,怎么教还需要进行教学设计。教学设计的根本目的是通过对教学过程和教学资源所做的系统安排,创设各种有效的教学系统,以促进学生的学习。[1] 当下,课堂教学效果差,教师"要学生学",而许多学生"不要学",或者"不会学",以至于"学不好",造成这种现象最重要的原因有两个:一是教师的教学方法不适应学生的需求,亦即教师课前未做学情分析(教师没有深入分析、了解学生);二是教师的教学方法不适应课程"以能力为本位""以学生为中心"的要求(注重知识讲解,忽视能力训练)。教师应当不断改进自己的教学方法,注重对学生能力的培养。[2]

当前,教学技术是一种新的教育生产力,丰富的信息化手段融入教学新技术。教师的"教"要用新技术,学生的"学"要通过新技术来完成。技术与教育教学的融合将引发一场新的学习革命。线上线下混合式教学将成为今后教育教学新常态。

---

① 李星.论"双师型"教师的核心能力[J].大理学院学报,2008,7(11):82-84.
② 苏志刚,叶鹏.准确把握示范性院校建设对教师的要求[J].中国高等教育,2007(23):47-48.

案例一

李老师是一名初中英语教师,她通过创新课程设计与学生共同成长。做法包括:设计多样化的教学活动和任务;引入小组合作学习、角色扮演等活动,激发学生的学习兴趣和积极性;结合学生的兴趣和实际情境,设计英语电影欣赏、英语演讲比赛等课程项目。李老师通过创新课程设计,成功培养了学生的语言表达能力和跨文化交际能力。学生的英语成绩提高了,自信心也明显增强。

案例二

汤老师研究生毕业后从事高等职业学校一线教育工作十多年,在教学实践中,她注重将企业的真实案例引入课堂,让学生在学习过程中能够感受到知识的实用性和价值。通过与企业合作,她了解到行业的最新动态和用人需求,从而不断调整教学内容和方式,确保学生能够掌握符合社会需求的专业技能。她依托分院省级产教融合示范基地和省级协同创新中心,对接专业群岗位能力和职业技能等级标准,构建"在项目中练技能,在实操中学理论"的药品生物技术专业实验实训项目体系。同学们常说:"汤老师的课很特别,第一周开始就会带领我们做实验,让我们利用动物血、牛奶、肝脏等生物材料提取纯化有效成分,使我们能够在实践中去理解理论知识,知识变得更生动了。我们的课有一半时间在实验室度过,我们不仅学到了很多技能,而且对理论知识也有了更好的理解。"她主持的专业核心课程被认定为省精品在线开放课程、全国高等职业学校校长联席会议双创教育专委会专创融合"金课"等。她积极参与教学能力比赛,以赛促教,通过竞赛工作坊、技能工作坊、科研工作坊等多种形式,对学生实现分类培养。

(二)教学评价和反思能力

教学评价既要关注学生的学习结构,也要关注学生的学习过程;既要关注教学目标达成情况,也要关注学生的全面成长。教学评价将对学习结果的评价、对学习过程的评价和增值性评价结合起来,综合评价学生的综合素质和复合能力。教师首先要转变传统评价理念,摒弃单纯以考试成绩为标准的评价方式;然后结合学生学习过程全面考查品德、态度、合作精神等要素,同时还要结合在校学习期间以及实践等环节各种表现进行综合评价。

教学反思是教师对自己的教学实践、决策及结果进行全面审视和深入剖析的过程。教学反思是促进教师改进教学策略、提升教学水平,进而实现教师专业发展和自我成长的核心要素。教师在课后要及时反思教学目标与过程:是否创造性地使用了教材?教学活动组织是否流于形式,有无关注学生的情感、态度、价值观的变化?有无发挥学生的创造性?课堂上有无令自己满意的精彩之处?是否考虑到学生的差异?等等。把教后反思的所得所失、疑点难点和创新点都记录下来,并进行必要的归类与取舍,进一步改进教学设计,扬长避短,精益求精,才能不断提高自身的教学能力,逐步完善教学艺术。

二、科学研究能力

教师的科学研究能力通常体现在自己学科专业的教育教学研究能力、专业实践研究能力和学科应用研究能力等方面。从研究的类型来看,中小学教师主要是基于常规的教科研方法的研究,是在教学过程的探究中不断形成理性的认识并改进自身的教学能力;高等学校教师从事的研究多属于一般理论研究或基于专业理论的应用研究;应用型本科和高职院校教师的科研主要是社会生产实践需求与地方产业紧密结合的研究,主要是应用研究,体现为产品开发、工艺改进和技术成果转化能力。教师要能及时记录、整理教学过程,进而撰写论文,勤于训练和提升自己的科学研究能力,才能在教育教学中有所创新,才能促进专业能力不断发展。但在实际教育活动中,尤其是基础教育领域,能经常有精力并创造机会做研究的教师少之又少。究其原因,主客观因素皆有。

毕业于生物学教育专业,长期担任班主任和学校管理工作的一线教师李老师说,教学科研往往是专业发展过程中的难点问题。究其原因主要有以下三点:

(1)教学压力导致缺乏思考:一线教师尤其是毕业班教师,通常会面临时间压力,他们需要花费大量时间备课、上课、改作业和辅导。每天10余小时在校时间,很难找出业余时间开展教学研究。"疲于奔命"式的教学节奏,让教师无法静下心来思考教学问题,归纳提炼。

(2)学校文化与支持不足:教师进行教育研究通常需要与其他教师、教研员等合作,缺乏良好的沟通和合作氛围可能会成为教师进行教育研究的障碍。同时,学校领导支持必不可少,这将直接影响教师从事教科研工作的积极性。

(3)自身专业能力有限:一些教师缺乏进行教育研究所需的方法论和基本技能,没有专家引领,往往让教师感到困难重重。

不少教师都认同教科研工作对教师专业发展的重要性。但是,由于教科研对于教学的促进效果不是立竿见影的,一些教师认为与其花费大量时间在科研工作上,还不如多给学生上几节课,毕竟来自社会和学校的压力并不小。家长不关注学校的教学科研能力,对他们来说,每年中考、高考结束后五花八门的"感谢信""喜报"才是学校软实力的最好体现。

三、社会服务能力

社会服务能力是教师利用自己的专业知识和专业能力向社会其他部门或行业、企业发展提供支持和帮助的能力,一般包括社会组织决策咨询能力、行业企业技术转化服务能力、职业技能培训能力和社区文化传播能力等。

知识只有转化为能力才能更好地培养学生、服务社会,也有利于提升自己,更好地从事本职工作。中小学校教师可以通过组织学生参与各类社区服务(包括志愿服务、文化交流、安全环保等活动),培养学生的社会责任和公民意识;高等学校教师的社会服务能力是教师专业能力的支柱,可以通过将知识转化为科技成果,更好地促进教学能力、科研能力的提高,更好地培养大学生的社会实践能力和责任感。

教育教学过程是一个实践的过程。教师在教育教学实践中要能不断反思自己工作的内容、情境及意义,经由实践反思而产生的结论反过来又能指导改进教学,提升专业能力。这既能发展课程和教学理论,创造出更多的可能和思想火花,又增强了教师的研究能力,促进教师自我成长,推进专业化水平不断深入。

案例一

姜老师是某地方工科院校人工智能专业副教授,积极投身产业与行业,在设计创作解决实际问题的同时,思考符合行业要求的能力培养体系。在五年时间内,他就主持完成了 20 余项与产品开发和视觉交互相关的横向课题,为企事业单位解决了实际问题。其中,他组织机械工程和工业设计教师的项目团队,为本地企业开发医疗设备吊塔,其方案获得了"和丰奖"最佳设计对接铜奖,并获得了市政府 5 万元的奖励。

案例二

周老师是建筑艺术学院的专业教师,她利用自己的工作室为企业提供了许多设计领域的技术支持和人才储备,促进了企业的持续发展。她认为,企业真实的工作项目才是课程教学项目的源泉。她积极与企业合作,共同指导学生参与实际项目,让学生在实践中了解职场环境、提升职业技能,同时将工作项目转化为教学项目引入课堂。通过与企业的紧密合作,她在为企业解决了许多设计方面技术问题的同时,还输送了大量企业直接可用的优秀人才,满足了企业对人才的需求。

第三节　良好的专业伦理

良好的专业伦理是教师专业发展的保障和动力,是"规范教师行为、提高教师专业服务精神的重要工具"①。伦理是指"道德关系及其相应的道德规范"。② 教师的职业道德和职业精神是教育事业发展的基石,直接影响学生思想道德品格的形成和发展。

在新时代,党和国家高度重视教师职业道德建设,并将其作为评价师资队伍建设的第一标准,对教师职业道德建设赋予了新的内涵和要求。习近平总书记在2014年第30个教师节号召广大教师做有理想信念、有道德情操、有扎实学识、有仁爱之心的"四有"好老师;在2016年教师节进一步要求广大教师做"四个引路人",即"做学生锤炼品格的引路人,做学生学习知识的引路人,做学生创新思维的引路人,做学生奉献祖国的引路人";在2021年对广大教师提出成为"大先生"的更高要求:先生之"大",应在学问之深、品德之高、格局之大等③;在2023年教师节致信全国优秀教师代表,深刻阐释了"中国特有的教育家精神"之内涵:心有大我、至诚报国的理想信念,言为士则、行为世范的道德情操,启智润心、因材施教的育人智慧,勤学笃行、求是创新的躬耕态度,乐教爱生、甘于奉献的仁爱之心,胸怀天下、以文化人的弘道追求。这些重要论述充分体现了总书记对教师的尊重,也为新时代教师队伍建设指明了前进方向。教育家精神来自中华传统尊师重教文化,推动着新时代中国式教育现代化进程,并体现在每一位教师的当下行动中。

以下将从专业信念、专业情感和专业规范三个要素理解新时代教师专业伦理的内涵要求。

一、奉献教育的专业信念

教师的专业信念是指教师对自身所从事职业的特点、要求的一种基本认识,是教师对自身劳动价值坚定认可的一种态度,是"对教师职业的价值与意义的认识、信奉和坚守,是引导和决定其专业行为的精神力量"④。教师的专业信念决定着教师对教育事业的热情度,决定着教师的师德师风,决定着教育教学工作的投入及成效,以及师生关系等。⑤

教师应树立正确的教育观、学生观、人才观和质量观,认识不同层次不同类型教育的特征,准确把握人才培养的目标要求和质量标准,坚定各级各类教育自身发展的

---

① 孙翠香."双师型"教师专业标准构建:背景、理念及内容架构[J].国家教育行政学院学报,2012(8):70-74.

② 金炳华.哲学大辞典[M].上海:上海辞书出版社,2001:892.

③ 做学生为学、为事、为人的大先生[EB/OL].(2023-09-11)[2024-11-08].https://baijiahao.baidu.com/s?id=1776704116788869104&wfr=spider&for=pc.

④ 孙翠香."双师型"教师专业标准构建:背景、理念及内容架构[J].国家教育行政学院学报,2012(8):70-74.

⑤ 苏志刚.论高职院校教师专业素质三维结构[J].中国高教研究,2013(12):73-76.

信念,秉持人人可以"成人才""尽其才"的教育信念,不断改进和完善自己的教育教学方法。"培养什么人"和"怎样培养人"是所有层次和类型的教育及其教师都要面对的两个最基本的核心问题,运用科学的教育教学方法,探索、研究适合不同层次不同类型学生的教育模式,塑造学生成人、成才、成功的基本素质,引导每一个学生成为他自己、做最好的自己,是教育最基本也是最崇高的使命。

2024 年获评"中国好人"的宁波工程学院退休老教师忻元华,连续 6 年到山区支教,用精彩的科学实验为大山里的孩子带去科学启蒙。他始终坚信教育扶贫不是简单地给钱给物。他认为山区孩子的教育差距不在于智商,而在于缺乏早期的启蒙教育,因此他身体力行地将科学启蒙与科学实验带到山区,希望帮助农村孩子挖掘更大潜力。他几十年如一日地从事教育工作,他的支教使无数个偏远地区的孩子受益。一面之缘,也可能感染一个少年的心;一堂有趣的课,或许让孩子一生受用。

二、关爱学生的专业情感

教师的专业情感是指教师在职业活动中形成的、对教育教学所具有的主观感受及持有的稳定态度,"是教师对工作的一种热情程度或者说是一种职业情绪"①。因此具有积极的职业情感对于从事教书育人工作的教师而言是必备的专业素质。

热爱、关心学生是教师职业情感的核心。教师心中有学生,就会接纳学生,对学生投入感情。一名热爱学生的教师,必然热爱自己的职业,对自己所从事的专业工作有积极的态度,并获得教师职业荣誉感。

勤勉的工作态度,体现在教育教学活动的一言一行中,体现为一个教育者的责任感,也是教师重要的职业情感。有研究者调查发现,责任感是学生最看重的教师应该具备的素质。② 责任感就是教师对每一个学生不放弃,找到每个学生的长处和兴趣,挖掘每个学生的潜力,促进学生成长成才。

教师在教育活动中表现出来的专业情感,不仅能促进教师自身的成长和完善,也能给学生施以积极影响,帮助他们塑造心性、增长智慧。

三、务实严谨的专业规范

教师的专业规范,"是指在教育教学活动中调节人与人之间的利益关系,判断教

---

① 阳利平.传承与嬗变:语文教师专业素质研究[M].杭州:浙江大学出版社,2010:160.
② 赵伶俐,潘莉.高校教师最应具备和最不具备的素质调研报告[J].重庆工学院学报,2005,19(2):20-26.

师教育行为是非善恶的具体标准","必要而可行的专业规范是一种专业生存下去的重要保证"。① 专业规范是教师从事专业工作的基本守则。

教师必须以身示范、为人师表,平等公正地对待每一个学生,不歧视、挖苦及体罚学生,尊重、信任学生的同时严格要求学生。教师在社会交往中起到了现代文明促进者的作用,应在工作和社会生活中树立良好的职业形象,在为社会提供各种专业服务时,还要特别注意遵守行业规范来约束自己,只有具备了行业规范,才能获得企业的信任和支持,参与企业的技术改造、新产品开发、商业咨询策划等核心技术业务,为教育教学提供丰富的专业实践素材并不断提升社会服务能力。此外,教师在其学术和科技活动中,还应抵制学术不端和造假等行为,严守诚信的底线。

专业规范一方面为教师的专业发展提供动力支持,另一方面能保障教师专业发展的方向符合教师职业的基本要求和规范,保障教师专业发展朝着正确的方向前进。

案例一:尊重学生与关爱学生

某小学的一位班主任李老师,平时注意观察学生的情绪变化。有一次,班上的一位学生因为家庭原因情绪低落,产生自卑的心理,李老师及时发现并主动与该生沟通,耐心听取该生的倾诉并及时与他家里联系,给予关爱和支持。在李老师的帮助下,该生逐渐走出困境,重新找回了自信和快乐。这种关爱学生、尊重理解并帮助学生的行为,使李老师深受学生和家长的喜爱。

案例二:严谨治学,追求卓越

王教授是某高校的一位资深教师,他在教学上始终保持着严谨的态度和追求卓越的精神。他坚持认真备课、上课,注重培养学生的创新能力和实践能力。同时,他还积极参与科研工作,发表了一系列高水平的学术论文,为学校赢得了荣誉。王教授用自己的实际行动诠释了教师职业伦理中严谨治学、追求卓越的要求。

案例三:恪守职业道德,保持廉洁自律

张老师是某中学的一名数学老师,具有 12 年的教学经验,教学水平高,担任教研组组长。他恪守职业道德规范,始终保持廉洁自律的作风。他从不接受家长的馈赠和请托,也不利用自己的职务之便谋取不正当利益。他始终坚持公正、公平、公开的原则处理班级事务和学生问题,赢得了学生和家长的信任和尊重。

以上三个案例分别从不同角度体现了对教师专业伦理的要求。李老师通过尊重和关爱学生,体现了教师对学生人格和权益的尊重;王教授通过严谨治学和追求卓越,体现了教师在教育教学和科研工作中的高标准和高要求;张老师通过恪守职业道德规范,保持廉洁自律作风,体现了教师在职业道德方面的坚守和自律。这些案例不仅为教师职业伦理要求提供了生动的实践样本,也为广大教师树立了榜样。

---

① 张志越.教师专业发展与专业素质[M].太原:山西科学技术出版社,2002:206.

思考题

1. 如何理解教师专业发展的本质内涵？

2. 教师专业发展所需要的专业知识框架是什么？如何理解教师的实践性知识？

3. 教师候选人如何为未来职业发展做准备？

4. 人工智能时代教师专业能力是否需要转型？如何转型？

推荐阅读

1. 叶澜等著《教师角色与教师发展新探》，教育科学出版社，2001。

2. 经柏龙著《教师专业素质：形成与发展》，中国社会科学出版社，2012。

3.〔德国〕菲利普·葛洛曼、〔德国〕菲利克斯·劳耐尔著《国际视野下职业教育师资培养》，外语教学与研究出版社，2011。

第三章　教师专业发展的现状分析

第一节　教师专业发展的现状扫描

为了对教师专业发展的现状做出客观分析,从注重教师实践角度出发,我们研究小组设计专项调查问卷,于2023年上半年对全国2000多位教师进行随机抽样调查,并从中选择了一批优秀教师代表进行了深入的访谈,结合以往的研究成果和其他调查资料,从宏观、中观、微观等视角扫描了教师专业发展的基本状况。

一、教师专业发展的调查研究

专项调查共回收来自江苏、浙江、安徽、福建、山东、湖北、广东、四川、上海等省(市)的有效问卷2156份,通过统计软件进行描述和分析。问卷发放对象是各级各类学校教职人员;问卷主要内容包括教师基本信息、教师所处学校环境信息、教师参与培训情况、教师个人发展规划情况、学校教师发展中心建设情况、教师对教师专业发展的认知(包括认可度、满意度、面临的问题、压力与动力、建议)等,主要设计为选择项和1~5分的利克特量表。访谈的主要关注点为专业成长经历、自我中远期规划、对做好教师专业发展工作的建议、对年轻教师的发展规划建议;访谈对象主要为各级各类学校较为有声望的优秀教师代表。

问卷包含基础教育教师1079份(占50.05%)、职业教育教师577份(占26.76%),高等教育教师500份(占23.19%)。从年龄来看,30岁以下的教师占19.39%;30~40岁的教师占32.89%;40~50岁的教师占31.35%;50岁以上的教师占16.37%,教龄分布以5年以下和20年以上居多,两者占总量一半以上。从学历来看,95%以上的教师学历在本科及以上,本科学历教师占59.79%,硕士研究生学历教师占30.61%,博士研究生学历教师占5.43%,而专科学历教师占4.17%。从职称来看,初级教师占35.76%,中级教师占34.32%,副高级教师占24.95%,正高级教师占4.97%。在高等教育和职业教育教师中,来自专业理论(实践)课教师占比最多,达 53％,通识基础课占 27％,思政课占 7％,管理（辅导员）占 5％,其他占 8％。

教师培训参加的频率以一学期 1～2 次为主,占 58.12％。过去一年中地级市及以上的教研培训活动参加的人次少、频率低,将近一半的教师没有参与,本校的教研培训参与较多,培训的层次和系统性还有待进一步提高。中小学培训内容与职业院校、普通高校的侧重点不同,中小学内容主要是学科教学方法和学生管理能力,职业教育结合了专业技能,高等教育则侧重于教研与学科专业知识前沿。高校和高校教师都比较重视教师专业发展。

二、教师专业发展的个体认知

调查显示,教师群体中有比较详细的个人专业发展规划的占比 34.51％,简单规划的占 59.09％,极少数无规划。

（一）对教师专业的价值认知

教师对专业的认同情况可以从满意度、压力感、意义感、效能感、忠诚度去观察。从调查数据来看,教师对目前的工作基本满意,但满意度并不高。66.3％的教师认为自己的工作压力来自工作负荷重,身心疲惫。最希望改善的是工作环境。85.3％的教师表示影响工作效率的主要原因是事务性工作太多。最让教师有成就感的是受学生尊重,而高薪水并不一定带来高成就感。

教师专业发展的最大压力来自与教学无关的繁杂事务（68.37％）和科研能力不足（57.65％）;其次是教学研究方法不足（39.33％）和没有团队（33.12％）;再次是教学能力不够（25.42％）、新教师没有传帮带（19.29％）、家庭负担重（18.74％）和生涯枯竭感（15.77％）;最后,学历不足（9.6％）在今天已经不是教师成长的最大障碍。教师专业发展的目标或动力主要来自职称上升（72.45％）和自我成就感（74.21％）;其次是学生认可（62.15％）、成为熟练教师（42.63％）和学术声望（34.37％）。教师存在一定程度的倦怠感,从年龄、学历、任教学校、任职类型、教龄、职称和身份等不同维度来分析,教师的倦怠感会有所差异;从问卷结果群体特征的数据中分析得出,青年教师群体倦怠感最高,这与职业压力增大有关;调查显示年龄、学历、院校类型、教龄、职称等级等维度上,不同群体教师的专业认同度会有所差异,如青年教师（典型的画像是硕士学历、中级职称、30 岁以下、普通本科专任教师）职业意义感较低,可能的解释是其相对而言对未来还不清晰,上升压力也大。

教师的离职意愿不高,对职业较为忠诚。这与教师职业带来的获得感和安全感有关。普通应用型高校的张老师表示:"我当初研究生毕业后选择到高校当老师,虽然收入并没有比外企给我开的工资高,但是我觉得当老师更自主自由;稳定也是一个好处,让我能静下心来教学和做科研。教师职业比较适合自己,是我的理想职业,以后也不会改变。"由此,在个体与组织层面上稳定的教师队伍一直是教师专业发展的基石。

(二)对教师专业发展的认识

我们将教师专业发展内容设定为"教学理念,学科前沿知识与科研能力,教学方法策略(教学技能),教学伦理(师德师风),教育信息化,学生指导能力,教学研究方法,素质拓展、团队建设,教学/校务管理"9个指标。关于教师专业发展内容的必要性,除素质拓展、团队建设、教学/校务管理三项仅有60％的教师认为很有必要外,其余指标70％以上的教师认为很有必要;最被看重的是教学方法策略(教学技能)和教学伦理(师德师风)两项,很有必要的占比都达到了75％。针对这些专业发展内容的教师培训,绝大多数教师都认为是有效的,40％～50％的教师认为很有效,但是相对于重要性来看,有效性还有待提升。其中,有效性认可度低的是素质拓展、团队建设和教学/校务管理,这些方面不容易通过培训取得效果。

目前影响教师培训成效的最主要问题是教师工作负担重与教学工作相冲突(88％的被调查者认同这一因素),近50％的被调查者认为动力和培训实用性影响培训成效。教师专业发展最需要的支持首先是学校政策支持(87.52％)和相关经费支持(85.67％),其次是个人积极参与(49.44％)和基层组织支持(46.2％)。学校政策隐含了对新手教师进行培养的重要性。一般而言,青年教师提升学历的意愿较强。

学校教师专业发展培训形式中,各种直接和间接的培训形式都被广大教师所认可。最普遍重要的是教学观摩、校外研修、跟岗培训、师徒结对四种,其次重要的是讲座、沙龙、工作坊、研讨会、座谈会等形式,相对来说网络培训、午餐会、境外研修、读书会等形式对不同群体教师而言参与度和接纳度有所不同。这些培训形式中,教学观摩、讲座、研讨会、座谈会、跟岗培训、师徒结对、校外研修的满意度更高,但是其他各种形式教学效果也有60％～79％的满意度,境外研修、午餐会的满意度最弱。

教师在工作中感受到自主选择、决策和控制的程度较高。教师群体相对其他职业来说,持续学习、主动学习和终身学习的观念较为强烈,这些观念对其专业发展是至关重要的。教师也善于寻找发展的途径,尤其是利用数字技术、互联网资源等。

三、教师专业发展的环境因素

学校组织环境对教师专业发展的影响因素可分为显性因素和隐性因素。专门为教师专业发展设定的组织机构、文件制度、各项活动和项目是显性的,而教师感受到的学校认同、支持等因素是隐性的。

(一)显性因素

学校对本校教师专业发展的重视程度有所不同。我们的调查显示,被调查者中确认学校建有教师发展中心等组织机构的占比70.78%,但还有13.78%的教师对此并不了解;认为学校对新教师培训有系统计划的受访者占81.45%。一般而言,受访者认可度越高的学校越重视从整体组织层面对教师进行培训,并鼓励教师的个人成长。

在基础教育阶段,有的学校注重完成教学任务和维持安全稳定的环境,还着重于应试教育,以学生的考试成绩来判断教师的优劣,教师管理偏于"教条主义"以及按部就班参照上级部门的管理条例,缺乏创造性。

对于职业教育阶段来说,教师专业发展目标的特殊性在于强调学生培养目标是技能和应用能力,教师专业发展就需要在内容和方法上有一些特殊性。如职业院校教师发展目标强调企业经历与行业影响力,突出职业教育教学能力,提升技术研发和服务能力等。职业院校教师专业发展的瓶颈主要在于如何提高教师的"双师双能"。

对于普通高校,教师专业发展中强调学术创新能力,从大学三大职能出发,一般都有较为全面的教师队伍建设规划,有教师专业发展的部门加以管理。但是目前普通高校开展的"破五唯"改革表明教师专业发展过于偏向学历、职称与传统科研,高校教师专业发展目前更应该强调师德师风,强调教学能力和社会服务能力的提升,强调研究与应用的结合。

教师专业发展首要解决的问题是建立适切完善的教师专业能力标准,完善激励机制。其次是培养学科(专业)带头人,建设教学、科研团队,解决教师职业倦怠问题,激发教师专业自主意识。根据调查结果,促进教师专业发展的关键政策按重要性排序依次为:职称晋升制度、进修培训制度、薪资政策与制度、改善教学环境制度、企业实践制度、教学管理制度、国家出台高校教师专业能力标准、科研管理制度等。有条件的学校可以制定教师专业发展1—3—5年分段行动计划,制定评选、反馈指导、搭建平台、验收考核等连续性措施,从而丰富教师专业知识、增强教师专业能力、提高教师专业伦理水平等。

(二)隐性因素

1. 教师对学校的情绪情感

教师对学校的情绪情感主要是认同感、忠诚度和获支持感等。整体上,教师对学校具有较强的认同感,教师更换学校的意愿不高,但是学校需要采取措施增加对教师的吸引力。相对而言,新教师和年轻教师对学校的认同感最低;学历越高的教师认同感越低;民办教师学校的认同感低于公办教师。教师能感知到学校的支持氛围,但不同教师群体感受有所差异。根据现有调查,接近退休的教师获支持感最低,中职院校专任教师和高学历教师尤其是博士研究生学历教师的获支持感显著低于平均值;教龄低于10年的专任教师的职业意义感和职业忠诚度较低而职业倦怠感较高;另外,年轻教师具有的压力与成就动机都最大,他们注重前景,会考虑到整体经济社会环境做出选择,如果前景不明会考虑"转行"。这些因素都影响着教师的专业发展与实际工作心态。

2. 教师群体的人际关系

学校里除了师生关系就是教师同事间的合作情况和上下级关系。一般而言,教师之间的合作氛围较好,但需要注意调查发现的一些特殊之处,不同类型教师所感受到的合作氛围会有所不同,如性别、年龄、学历、职称等不同会形成感知合作氛围的群体差异。调查中较为明显的是,女教师更易于合作,高学历教师不易合作。

学校教学管理中存在科层制,即上下级关系。根据调查反馈,专任教师对上下级关系并不特别关注,尤其在高校,教学和研究活动具有较大自主性,教师们认为上下级关系对专业发展影响不大。但如果是从事教学行政管理的教师,则对上下级关系较为敏感。需要注意学校的科层组织会对教师专业发展产生的负面作用,建立合作、平等、自主的关系将有利于教师专业发展。

第二节　教师专业发展的现存问题

本部分结合调查数据,将基础教育、职业教育和高等教育教师专业发展存在的主要问题择其要点分类进行阐述。

一、青年教师对学历提升和专业发展重视不够

青年教师对学历提升和专业发展重视不够是教师专业发展现存问题的主要表现之一。青年教师通常是指初入职场、年龄小于 35 岁、初中级职称的教师。具体标准可能因地区和机构而有所差异。调查显示,青年教师对学历提升方面有需求,但是外部支持力不足,所以许多青年教师对学历提升的意愿停留在可有可无状态。不过随着我国高等教育大众化和社会经济形势变化,教育体制内工作的学历要求已经提升很多,在一些经济发达城市研究生入职中小学亦很常见,在职教师学历提升意愿强烈,近半的教师具有较强甚至非常强烈的学历提升意愿。有研究发现中小学教师学历提升过程表现出从高中、专科学历为主的"两级"到高中、专科、本科学历为主的"三级",到专科和本科学历为主的"新两级",再到专科、本科、研究生学历为主的"新三级",最后到本科、研究生学历为主的"超两级"循序推进的总体趋势。[①] 这实际上说明,学历提升是一个持续不断的过程,作为教师个体而言,学历提升也是自身专业发展过程中的一个重要环节。用发展的眼光看,这是一种自我长期发展的战略性决策。但事实上,青年教师学历提升的途径并未全面打通。与此同时,中小学青年教师是教育教学工作的"主干",学校更希望他们专注于教学,对他们学历提升的支持力度较小。

---

① 侯小兵.中小学教师学历提升的趋势分析[J].现代中小学教育,2016,32(2):73-79.

当下青年教师的教育教学工作日益"功利化",严重限制了教师职业价值和社会功能实现,本质在于教师心理认知滞后和专业发展意识不足,而诱因多在于教育环境问题。对幼儿园与小学教师专业发展而言,政府主管部门对教师专业发展的制度保障与支持力度较小,对学校监管有重"批"不重"管"问题,对学校的督导和评估机制缺乏有效性。[1] 普通中小学教师在教学设计、教学实施和教育管理上缺少新教学方法和理念的认知;在利用外部教学资源和信息技术进行教学设计,以及引导学生进行自主学习设计方面,有将近四分之一的教师未能达到理想标准。[2]

另外,本科审核评估的 10 所高校教师教学、学生学习体验报告的统计显示,教师基本行为中师德师风最大的问题是"关心爱护学生"不足(图 4.1);高校教师教学能力中自我评价最低的是"教学评价能力"和"运用媒介能力",如图 4.2 所示。

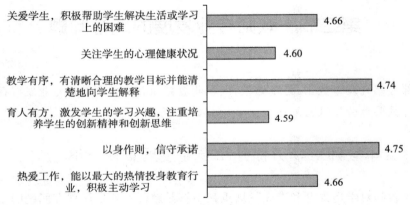

图 4.1 教师基本行为互评

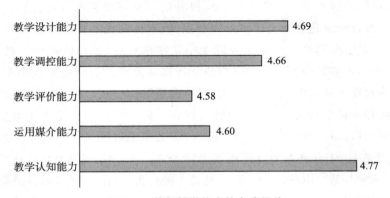

图 4.2 教师教学能力的自我评价

① 郑丽花.海南省民办小学教师专业发展状况的调查研究[D].海南:海南师范大学,2020.
② 陈敬义.青岛市高中教师专业发展状况的调查研究[D].济南:山东师范大学,2018.

此外,由于青年教师的日常教学工作压力大,学校组织的培训活动比较少。调查数据显示,过去一年参加过 4 次以上校本教研活动的教师仅占 43.44%。教师进行专业培训和发展的渠道基本局限在校内外集中培训和国家规定的继续教育两种途径。由此,针对中小学教师专业发展的培训及教育条件存在缺失,无法有效满足教师发展需求。

缺乏专家引领,也是青年教师专业能力发展的严重阻碍。多项研究表明教师专业发展缺乏专家引领和团队合作,绝大多数教师遇到困难,首先求助互联网。尤其幼儿园与小学教师专业发展存在职业生涯规划目标不合理、认识不足等问题。总体而言,教师对本校的培训情况最不满意的方面是国际交流培训。

福建某市一小学教师小张刚从师范大学毕业,在他的第一堂课上,他紧张得忘记了自己准备的课程内容,现场气氛尴尬,好在他没有放弃,迅速转而开始与学生们分享他自己学习的故事和经历。逐渐地,学生们被他的真诚和热情所打动,课堂气氛变得活跃起来。这种教坛之初的经历表明新教师"实践知识"的获得特别需要引导。

二、教师教育教学方法难以适应学生成长需要

学校和教育部门所提供的教师专业发展规划主要基于职称和学历标准,尚未能按个体发展进行指导。教师在工作中所能获得的自我价值反馈不足,付出与评价有时不对等,导致部分教师对教育工作的热情下降,专业发展动力不足。在当今学生互联网信息获取机会大大增加的环境下,师生间的观念、认识都有了巨大差异,人工智能等新技术的发展对教育场景和教学方法都产生了较大冲击,需要教师们对教育方法如何适应学生成长有更前沿的认知革新。

基础教育的初高中教师尤其为应试而"内卷",学校管理存在教师管理理念"工具化"倾向。中小学教师专业发展面临缺乏理论自觉、缺乏身份认同、缺少专业培训和时间投入以及缺乏正确的专业评价引领等现实困境。[①] 在应试教育和唯分数论的大环境以及一元化的选拔机制下,从接受义务教育到进入高等教育的过程中,学生被不断地分流,造成了大多数学生的挫败感。普通中学与重点中学、职高生与普高生、高职生和本科生……社会习惯于进行对立比较。此种挫败感还在普本和"双一流"高校之间的对比中继续。学生的成功体验非常少,缺乏自信心和激励的学生比重上升,他们对未来感到茫然,学习动力不足,自我管理能力差。

师生之间关系的日渐疏离可以从本科高校的某个调查结果中显示出来(图4.3),高校教师对学生学习主动性的评价总体上得分相对不高。来自地方高校的受

---

① 刘雄英.中小学教师教育者专业发展的困境及其应对[J].教育发展研究,2017,37(18):65-69.

访教师普遍认为学生学习基础有所欠缺。这带来两方面的问题：一是学业要求普遍过于宽松；二是教师忽略了自己的教学能力对学生的作用（认为教不好学生是因为学生的基础太差，没有注意到自己的教学能力需要提升）。

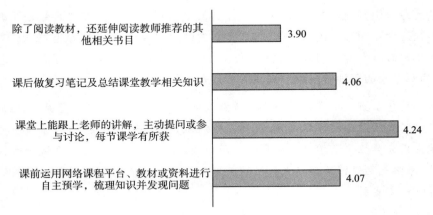

图 4.3　教师对学生学习主动性的评价

案例：农村中小学青年教师教育教学方法的摸索与成长（四川某市一乡村初级中学语文二级教师自述）

2020 年我从非师范类高校汉语言文学专业（高级文秘）毕业后直接进入四川某市乡村一所九年一贯制学校任教，2022 年由于乡村学校合并改制，进入到当地一所单设初级中学教学。

初到学校任职时，面对的是小学一年级教学。在农村学校里，学生们对新来的老师很好奇，我便耐心地给他们解答问题，陪他们玩游戏，替他们包扎伤口，所以学生们非常信任、喜欢我，甚至愿意跟我分吃一个碗里的饭菜，他们一下课就团团围住我，亲切地叫我"妈妈"。

在我工作快一年的时候，我联系到大学时的朋友，他们正在组织公益募捐活动，为乡村学校的孩子捐赠书籍。我与他们积极沟通，最终他们为我工作学校的小学生每人捐赠一本《新华字典》，鼓励他们努力学习。

当我在工作中遇到困惑时，我更多的是去请教老教师，或直接跟领导沟通。但后来发现，我提出的问题无人能帮我解决，甚至很难得到可行的建议，所以一切只能靠自己去平衡和取舍。在教育行业的成长都是靠自己一点一滴经历失败、挑战，最终磨炼出来的，因为教师很难预见在工作中会出现什么问题。

因此，教师专业发展不应该仅仅靠教师"自觉"或"单打独斗"。教育部门可每年定期组织线下培训活动，以增强他们的专业素养和教育教学能力，或组织教师集体进行学历提升，提高他们的教育教学能力。同时，我希望国家出台的政策和培训项目能真正落到实处，惠及全体教师，而不是每次专业培训只选取极少数代表。尤其是偏远地区的学校,本来教育资源就匮乏,很多教师甚至专业不对口,或学历仍需提升,更需要组织专业的培训或者学习。青年教师面临的这些问题具有普遍性,需要各级教师发展中心、教师进修学校等组织更专业的培训。

不论是基础教育、职业教育还是高等教育,面对如今的学生群体,教师都有一定的压力,如"这样的学生让我怎么教?",反映了教师困惑、挫折、失落甚至排斥的心理,在教学中形成束手无策,或者随意、懒散,或者倦怠的现象,使得教师的职业理想和信念逐步流失。

此外,职业教育和高等教育还具有直接培养产业人才的重大职责,专业教师的实际教学与实践能力还难以满足相关的产业人才培养的需求——这其实也是学生成才的需求。从师资队伍的角度来看,一是教师的教学能力不适应对复合型应用技术技能人才的培养要求,普通高校和职业院校教师仍习惯于沿用传统教学方式传授理论知识,难以将理论与实践结合,理论课和实训实践课容易脱节、分离或重复,传统课堂缺乏对地方高校学生的吸引力,教学效率较低;二是教师的实践能力不适应人才的培养要求,多数教师不能定期深入行业企业,对于行业企业最新发展和对人才的需求了解不足,在专业设置、课程开设、教学内容等人才培养的关键环节缺乏与企业对接,致使对学生专业实践能力的培养显得有些束手无策。

绝大多数地方普通本科高校教师的应用研究能力和社会服务能力也不能适应企业在技术提升方面的需求,地方高校教师的专业学术研究层次和水平还不足,多数高校教师安于理论教学工作,与专业技术应用领域接触少,对市场上的新技术、新成果反应较慢,应用研究能力较弱。尤其是中小企业在产业转型升级的环境下,急需通过改进技术、方法和工艺来实现转型,而地方高校教师较少参与行业专业协会,不了解企业现状,所做的研究"不接地气"。因此,普通高校教师应该具备怎样的专业知识和专业能力才能满足企业对人才和技术的需求,是高校提高办学质量的关键。

如何才能落实"人人都能成才"的人才观?需要教师本着对教育的高度热忱,本着对"教书育人"职责的高度认同,给予学生更多的爱心、关心和耐心;需要教师对基础教育、职业教育、高等教育有正确认知,实施因材施教,只有能够正确把握学生的心理特质和认知特点,激发学生的自信心和学习动力,运用有效的教育教学法,才能更好地满足学生受教育以及成长成才的需求。

三、克服教师职业倦怠感需要建立科学的评价体系

教师是职业倦怠的高发群体,教师职业倦怠是教师不能顺利应对外部压力时产生的消极反应[1],表现形式主要有身心健康堪忧、成就感降低、情绪情感极度疲劳等。

① 高昕,魏峰,周晓璐.教师职业倦怠的多维审视:基于生态系统理论的分析[J].教育发展研究,2023,43(2):44-51.

各职称和年龄段的教师都存在不认可自身教师工作意义和价值的情况,尤其是青年教师和中低级职称教师,他们的自我效能感和自主感较弱,外显的形式是教师的职业倦怠感不断增强。教师产生职业倦怠的原因有很多,主要是工作负担重和个人原因,以及评价失衡。一线教学岗位的很多教师都认为,十几年日复一日的工作很容易产生职业倦怠,继而产生消极心理。这对教育教学的效率与质量将产生一定负面影响。

> 某普通初级中学王老师认为教师的负担重、工作时间长、工作压力大。教师每天除了要备课、上课、改作业、个别辅导外,还要参加各种培训、会议,应对上级部门对学校的各种检查,如文明校园、消防、清廉、防诈骗、防欺凌、防溺水、禁毒、心理健康等,每一项都要拍照留痕,做台账资料。每天早出晚归,在校长达 14 个小时。而初中生正处于青春期,具有较强的逆反心理,更喜欢和老师对抗,家长对教育的期望较高,教师肩上学生管理的重压非常明显。

教师的心理素质、人际交往和处理问题的方式,以及对待生活、工作的态度都会影响职业感受。尤其是中年女教师,面临繁重的家务、子女的教育、父母需要照顾等生活的压力,处理不好会丧失工作热情,如果把负面情绪带到学校,极端情况下就会出现打骂、体罚学生,表现出对周围人的冷漠,这些都会导致职业倦怠感的产生。

学校往往把升学率、学生的成绩、安全与教师的奖金、绩效考核、职称评定挂钩,同组之间的竞争关系让合作关系遭到破坏。对教师的工作进行量化考核,靠后的老师要诫勉谈话、待岗、分流等。学校升学率、分数指标无形中对教师造成巨大的压力。

青年教师的教学、研究、学生管理等任务都比较繁重,职称评定压力大,高校中还有一些"非升即走"的校内政策,与教师专业发展的人本思想有所冲突。这些教师处于职业生涯早期,尚未形成较深的职业情感与专业认同,具有相对较高的离职意愿和较低的本校认同度,如果在工作中没有获得满足感和成就感,其去留将影响整体教师队伍的稳定性。

教师的职业倦怠感与专业发展通道不通畅有很大关联。如职业院校"双师型"教师发展通道固化,一般为教师系列职称晋升的"单一路径",未能形成与"双师型"教师能力培养相适应的"双轨式"成长通道,尤其是未能形成校企间双向流动的有效机制。行业类特色职业院校"双师型"教师培养标准及目标模糊,重技能而轻师德、重职称而轻能力、重实践经历而轻实践水平等现象普遍存在,使得"双师型"教师的培养目标与"四有"教师的培养标准以及专业、行业的要求不相适应。在职业院校"双师型"素质教师培养和培训工作上"闭门造车"现象严重,未能形成"双师型"教师校企深度合作培养的有效机制和体系,使得培养的教师在"双师型"素质上容易出现"头重脚轻"的现象。

从教师个体开展教研的层面来说,理论与实践难以结合,科教融汇、产教融合还处于低水平。总体来看,教师的理论从书本到书本,如何有效传达给学生的方法研究不透彻,教师的理论知识也缺乏实践应用的场所。对于职业教育和高等教育教师,科研和教学水平还有很大的提升空间，要加强引导教师下企业锻炼并将企业经历提炼为教学素材。高校内专任教师感知的师生关系、上下级关系及生活满意度处于较低状态。高校教师评价体系重科研轻教学、唯论文、唯课题等现象一直存在，教师行为也会朝向工具化、功利化演变。

此外，在调查的开放问题中，回答最多的是工作负担大、其他活动占用时间、发展机会不足等。这些越来越成为教师职业倦怠感产生的重要诱因，教育行政部门需要对教师职业倦怠感引发的心理问题予以关注，并在教育管理过程中加以改进。

第三节　教师专业发展的影响因素

教师专业发展的影响因素是多层次多维度的。从大范围看，社会的变化、科技的进步、教育的发展等都会对教师提出新的要求，促使教师不断更新知识和技能。从小范围看，经历的关键事件、生活的危机、生命阶段等都可能影响教师的职业发展。而教师的受教育程度、职业理想、自我评价、性情、兴趣爱好等也会影响他们的专业知识和教学技能的发展。要促进教师的专业发展，需要从多个方面入手，激发教师的自我发展动力和能力。本章从宏观、中观、微观的视角探索教师专业发展的内外部影响因素。

一、宏观环境的要求

教师专业化水平的提升是提高人才培养质量的关键，"教育工作是专门职业"，"教师要具备专业知识及专业技能"，这些共识引导许多国家开始提倡教师专业化，开始研究教师应该具备的专业素质，以更好地帮助教师胜任其教育教学工作。

中国素有尊师重教的优良传统，努力培养造就一大批高素质、专业化、创新型教师，不断提高教师队伍整体素质，是当前和今后一段时间我国建设教育强国、科技强国与人才强国的时代命题。高素质不仅指教师的整体精神风貌和专业能力，特别指教师在职业认同、个人素养、社会发展方面处于较高水平。创新型是高素质专业化教师的一个核心特质，当面对发展中的学生，适应知识经济和信息社会的发展需求时，教师工作的本质就是一个在遵循教育规律基础上的创造过程，教师的创新意识和能力将愈发重要。[1] 党的十八大以来，以习近平同志为核心的党中央高度重视教师队伍建设，坚持把师德师风作为第一标准，大力弘扬教育家精神，健全中国特色教师教育体系，支持优秀人才长期从教、终身从教，使教师成为最受社会尊重的职业之一。

① 赵明仁,陆春萍.新时代我国高素质专业化创新型教师队伍建设论纲[J].教育科学,2021,37(1):9-16.

2018 年教育部正式发布新时代高校教师、中小学教师、幼儿园教师职业行为十项准则,以及 2022 年《教育部办公厅关于开展职业教育教师队伍能力提升行动的通知》和 2024 年《中共中央 国务院关于弘扬教育家精神加强新时代高素质专业化教师队伍建设的意见》的发布,都强调教师理想信念教育、师德师风培养、教书育人能力提升,对教师队伍建设提出了最新规范要求。

我国目前拥有全球规模最大的各级各类学校,义务教育的优质均衡发展、高中段教育的普及以及高等教育规模的快速发展,使教师队伍的数量和质量都面临许多新挑战。尤其是在信息化、网络化的背景下,学生获取知识的途径更加开放、价值形成的途径更加多元,这就要求学校和教师要树立终身教育的理念,学校对学生和教师的终身发展负责,做好教师专业发展工作。

从宏观环境而言,基础教育阶段需要提供平等的入学机会,促进教育的公平,保持各类学校教师均衡,不放弃任何一个孩子,关心他们的身心全面发展。职业教育与高等教育要培养大量经济社会发展所需要的高素质人才,为党育人、为国育才。需要各级政府制定切实可行的政策措施,找准各级各类教师在教育教学工作中存在的主要问题,寻求教师专业发展的着力点,减少教师城乡差距,不断提高教师培训的质量,推进各类学校的高质量发展。对各级学校和有志于从事教师工作的个体而言,都需要明确教师的专业素养内核和标准,并按照标准严格要求、努力提升。教师专业发展的议题永不过时,环境对高素质专业化创新型教师的持续需求是开展教师专业发展研究的客观宏观的环境需要。

二、学校发展的需要

教师专业发展与学校的发展目标是对接的。学校的发展为教师的专业发展提供了条件和平台,而教师的专业发展又为学校的发展提供了人才支持,二者相互促进。教师是学校发展的重要支柱,教师的专业发展对于提升学校的教育教学水平、促进学校持续发展具有重要意义。教师的专业素养和教学能力是影响教育教学质量的关键因素。通过教师专业发展,教师可以提升教育教学理念,掌握先进的教育教学方法和技能,从而更好地培养学生的综合素质,提高学校的教育教学质量,促进学校持续发展。教师是学校发展的核心力量,教师的专业发展能够为学校的可持续发展提供有力支持。通过教师专业发展,教师可以不断提升自己的专业水平,为学校的科研、教学、管理等方面提供更多的智力支持和创新思路,推动学校的各项工作不断向前发展。教师专业发展水平的提高自然有利于增强学校竞争力。在当今竞争激烈的教育环境中,学校的竞争力取决于教师的专业素养和教育教学能力。通过教师专业发展,教师可以提高自身素质和教育教学水平,从而增强学校的竞争力,吸引更多的优质生源和优秀教师。

为此,每个学校都要仔细分析自己的师资队伍结构,为教师群体分类制定教师专业发展规划,从而能够更有效地提升其教育教学水平。通过实施校内师资培育与校外人才引进,制定教师进修(培训)管理办法,提供专项资金实施教师学历职称提升计划,师资结构发生明显变化,呈现百花齐放的局面。如目前高校的各类培训很多,但是教师的满意度并不一定高(图4.4),需要各校的培训工作引以为戒。

教师对本校教师各类培训满意度

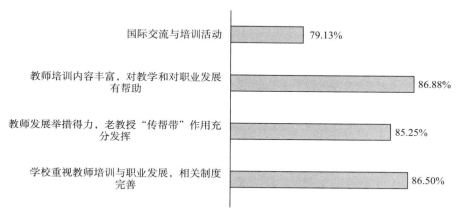

图 4.4 高校教师对本校培训的评价

如对高职院校师资队伍构成进行分析以后就可以进行针对性的培训提升:一部分是升格原中专学校教师,这部分教师教学理念与高职院校比较接近,容易较快适应高职教育,是学校发展的中坚力量;一部分是刚刚毕业的大学生,这部分师资活力十足,有一定理论知识,但对职业教育了解不够,业务水平亟待提高;一部分是从本科院校直接引进的副高级及正高级师资,这部分师资自身专业背景较为明确,科研能力较强,对学校的发展起着引领与带动作用;一部分是从企业引进高技能人才,这部分教师实践能力强,专业技能过硬,但教育能力比较薄弱。通过分析,教师结构呈现出多元化格局,教师专业素质提升可以有的放矢地开展。

如我国地方本科高校转型和职业院校发展趋势都要求科教融汇、产教融合育人。传统型教师要向新型科技型、实践型教师转变,课堂、学生、课程、手段方法、培养目标等观念都要有所改变,并在教学实践上有能力去自我改变。据调查,目前高校教师对学校工作氛围最不满意的地方是科研和教学投入不相匹配,实验实训资源缺乏(图4.5)。

要求高校从教师专业发展入手,塑造一支全新的教师队伍。教师在知识结构上,除了应具备普通文化知识,还应具备行业企业生产的实践性知识。由于兼具教师与行业企业专家的双重身份,在职业道德方面,教师除了要遵守教师的职业伦理要求,还要遵守相关行业的职业规范。教师专业发展应与行业企业发展的需求对接,这就要求教师具备服务行业企业的能力,并在此过程中提高自身的专业水平、教学水平和行业影响力。如一些学校为教师提供很多与本教育领域知名专家对话的机会,特聘的教授除了为全体教师开设讲座,更为学校的教育教学改革与实践提供个性化指导。

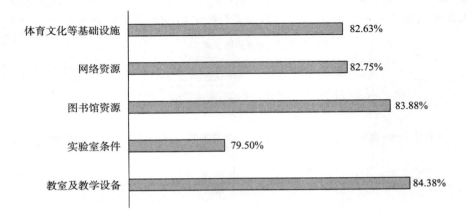

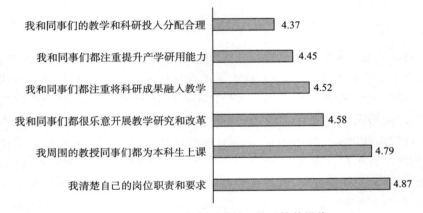

图 4.5　高校教师对学校工作环境的评价

三、个体发展的需要

　　教师专业发展是教师个体成长和自我实现的必然要求。基础教育教师的学历提升、教学研究能力、先进的教育理念、最新的数字技术能力等是目前急需的。基础教育教师专业发展水平基本达标，但在具体的专业发展成效方面不甚理想，仍有一定的提升空间。教师个体自我实现需要通过教学来实现，教师在教学设计、学生引导、新型教学方法技术的应用、自我反思、班级管理等方面存在较强的学习和提高意愿。教师专业发展的个体需求体现在这些层面，这是教师专业发展得以成功的最主要动力来源。因此，对于绝大多数教师而言，他们都有着自我成长的现实需要。

　　青年教师具有较高的自我提升需求，从进入学校到在学校的生涯路径使得他们不知道如何更好地适应新时代教育的要求，较为迷茫，这需要学校在教师专业发展方面给予更多的指导和帮助,做好"传帮带"和动员宣传工作,为教师发展搭好桥梁,做好保障工作。另外,占高校绝大多数的地方普通高校和高职院校具有较大的职业性、实践性,对技术性、应用性的知识有较大偏向和需求,由此产生了教师专业发展的特殊要求和现实问题。在我国的教师教育环境下,初任教师对教育教学成长的主观追求、主动意识和自我更新是促进其成长的根本动力和策略。① 思考如何满足青年教师这一特殊时期特殊群体的自我成长需要,即是从根本上找寻影响教师专业发展因素的路径。

教师专业发展需要学校在教师的专业发展中提供相应的政策、平台支持,但只有教师主体自身能够意识到专业发展的重要性和必要性,从自我主体开始进行变革和调整,教师专业发展才会有持久的动力。不同的教师有自身所处的环境,拥有不同的优势或不足,需要关注自身的长远目标,扬长避短,才能走出一条专业发展的崭新道路。

思考题

1. 影响教师专业发展的内外部因素都有哪些?

2. 设计一份了解教师专业发展需求的访谈提纲。

3. 不同发展阶段的教师(新手教师、骨干教师、专家型教师)所面临的专业发展困境有哪些?

推荐阅读

1. 李广、柳海民、梁红梅著《中国教师发展报告 2020—2021 中小学教师职业幸福感发展态势、面临挑战与提升举措》,科学出版社,2022。

2. 丁钢主编《中国中小学教师专业发展状况调查与政策分析报告》,华东师范大学出版社,2010。

3. 朱旭东著《中国教师教育体系研究》,北京师范大学出版社,2020。

4.〔美〕玛丽莲·科克伦·史密斯、〔美〕沙伦·费曼·尼姆塞尔、〔美〕D.约翰·麦金太尔主编,范国睿等译《教师教育研究手册:变革世界中的永恒问题》(上下册)第 3 版,华东师范大学出版社,2017。

---

① 张勇.初任教师自我成长的挑战和策略[J].教育理论与实践,2012,32(20):31-33.

第四章　教师专业发展的域外经验

教师专业发展是推动教育内涵式发展的重要前提。诸多国家重视师资培养问题,积极推动本国教师专业发展,并在师资培养过程中逐步建立起了完备的教师专业发展体系。从教师内部观念的塑造,到教育教学能力的培养,再到国家或地区政策对于教师专业发展的外部支持以及学校系统的培训和考核,都是推动教师专业良性发展的重要保证。有些国家或地区的教师专业发展取得了世界性的声誉,积累了许多成功经验。本章主要介绍日本基础教育阶段教师专业发展、德国职业教育教师专业发展、美国高等教育教师专业发展的模式与举措以及其他国家教师专业发展情况,旨在为中国各级各类教师专业发展体系的构建提供借鉴。

第一节　日本基础教育教师专业发展

一、日本基础教育教师的专业化标准

日本教养审关于"提高教师资质能力"答辩中就教师的专业标准做了以下明确:作为教育者的使命感;能够深刻理解人的成长和发育;对幼儿、儿童、学生抱有教育的热情和执着;具有教学科目相关的专业知识。八尾坂修根据新时代国际化、信息化的特点,在教养审界定的教师专业标准基础上,强调研发课程能力、交流沟通能力及信息处理能力是教师适应新时代教学所应该具备的素质。佐藤学提出教师应该成为"反思型实践家",并就其具体标准做了相关阐述:教师在实践过程中的即兴思考、主观上对于不确定性状况的敏感、对于问题表象给予的深思熟虑的态度、与问题表象结合综合解决问题的多元化视角、实践过程中发生的问题关联性等,应参照教学实践的当时情况来加以思考。[①]

---

① 熊淳.日本教师专业标准发展研究新探[J].合肥师范学院学报,2009,27(1):113-116.

黄老师，一名来自浙江的中学地理教师，在参加由教育局组织的日本教育系统研习旅行中，对日本教师的自我反思实践产生了浓厚兴趣。在日本，教师们经常在课后进行自我评估，反思教学中的不足，并寻求同事的反馈和建议来改进教学方法。这种对教育质量持续改进的执着精神和将自我反思作为教师职业发展一部分的态度，给黄老师留下了深刻的印象。

回国后，黄老师开始在自己的教学中实行类似的自我反思程序。他在每个学期的末尾，会组织一个反思会，邀请同事们观摩他的课并提供批评和建议。他还建立了一个在线平台，让学生能够匿名提交对课堂教学的反馈。通过这些措施，黄老师不仅提高了自己的教学技巧，还增强了与学生和同事之间的互动，使教学环境更加开放和包容。

日本基础教育教师的专业化标准，包括对教师使命感、人的成长理解、教育热情、专业知识、信息处理能力、课程研发能力以及反思型实践的强调等内容。标准不仅注重教师的专业素养，包括对教育理论、教学方法和策略的深入理解，还强调教师在实践中运用这些知识的能力。此外，教师需展现出对学科知识的深入理解，并能有效地将这些知识传授给学生。日本的教师专业标准还强调教师的职业道德和敬业精神，要求教师尊重每个学生的个性和差异，以公正和包容的态度对待他们，同时对教育事业充满热情，并愿意为学生的成长和发展付出努力。

日本文部科学省在推进教育信息化过程中，特别强调提升教师ICT应用指导能力。为此，他们从培训机制、研修课程、教师信息道德和评价标准四个方面落实政策。例如，他们实施了四级ICT教师应用指导能力培训机制，确保全国范围内的教师都能接受培训。此外，日本文部科学省还修订了《教师ICT应用指导力标准》，以反映协作学习要素和基本操作技能的必要性。

杨老师是一名四川的小学数学教师，他在参加了一个有关日本教育信息化的国际交流活动后，对日本教师使用信息技术（ICT）进行教学的方法印象深刻。特别是日本教师使用互动软件来提升学生的学习兴趣和参与度，给他留下了深刻的印象。回国后，杨老师开始在自己的课堂上尝试使用类似的技术，如引入平板电脑和专门的教育应用程序，用以增强学生对数学问题的理解和解决能力。通过这种方式，他不仅提高了学生的学习动力，还提高了课堂互动效果，受到了学校和家长的广泛好评。

日本的教育制度强调教师的专业发展和培训。根据日本中央教育审议会的草案，文部科学省正进一步深化教师培养、招聘和培训制度的改革。这些改革旨在适应教师队伍的多样性和教师任职生命周期的变化。新的教师培训观念强调"教育理论与教学实践的回归"，并将这一理念贯穿于教师的整个职业生涯。此外，教师需通过个性化和协作式的教学培训，提升与学生之间"对话性"教学的专业素养。为了建立一个高质量和多样化的教师队伍,文部科学省正致力于提高教师的专业技能,并吸纳具有丰富工作经验的外部社会人员共同参与学校治理,以丰富教师队伍的多样性。①

日本信州大学从教师的专业性、专业知识理解、专业知识技能、社会性这四个维度将日本教师专业标准具体化。首先信州大学在新标准中提出以儿童为中心,尊重儿童的主动性,教师通过各种教学活动的实施,向他们提供各种学习机会,从而满足不同学习个体的多样化学习需求,促进他们作为人的"知性的、社会的、个人主体"的全面健康成长;其次,作为教学技能之一的自我评价和自我反思的能力也在新标准中被提出来;最后,教师需要具有的健康的伦理观,在信州大学的专业标准中也被具体化,同时信州大学将教师的同事关系作为标准之一首次引入。②

二、日本基础教育教师专业发展特点

日本在教师教育领域不断推进改革,以满足社会发展的需要。为实现培养学生"生存能力"的目标,日本采取了一系列措施。首先,他们在管理制度上打破了教师资格终身制,实行"教师轮岗制"和弹性教师资格更新制度;其次,在课程设置上,构建教师教育一体化课程体系,以确保教师培训与实际教学需求相结合;最后,日本以大学为依托,开展教师教育,为教师的专业发展提供支持。这些改革不仅涉及管理制度和课程设计的更新,还深入教师的专业发展和持续教育中。通过这些综合措施,日本致力于构建一个全面的教师发展体系,包括教师评估与激励机制、专业发展和继续教育机会等。

(一)教师评估和激励机制

日本重视教师的绩效评估,通过定期的评价和反馈机制,确保教师能够持续进步并提升教学质量。这种评估不仅帮助教师了解自己的优势和改进空间,还促进了教师之间的交流与合作。同时,日本还实施了多种激励措施,包括建立职业晋升和奖励系统,以激发教师的工作热情和创新精神。这些措施旨在鼓励教师积极参与专业发展,并为他们提供更广阔的职业发展空间。

(二)专业发展和继续教育

日本教师的专业发展不仅限于入职初期的培训,而是贯穿整个职业生涯中的持续学习过程。国家和地方教育机构提供了丰富的继续教育课程,帮助教师不断更新教育知识和教学技能,以适应不断变化的教育环境和学生需求。

---

① 陈川.日本加速推进教师制度改革[EB/OL].(2022-09-30)[2024-10-22].https://www.sohu.com/a/589338066_121123998.
② 熊淳.日本教师专业标准发展研究新探[J].合肥师范学院学报,2009,27(1):113-116.

（三）教师社区和协作网络

日本鼓励教师参与专业社区和网络，以促进教师之间的交流和经验分享。通过参与各种研讨会和研究项目，教师们能够共享最佳实践和经验，从而形成支持性和协作性的专业环境。

这些特点共同构成了日本基础教育教师发展的全面框架，旨在培养适应时代需求、具备高度专业素养和创新能力的教育工作者。

三、日本基础教育教师专业发展案例

学习共同体的另一个核心是老师之间的共同学习。在日本基础教育教师专业发展的典型案例中，滨之乡小学展现了一种充满活力的共同学习氛围。该校的老师既是全科老师，又是班级负责人，每周要承担 28 节课，各个科目都要教。在这样的工作环境下，如何实现老师之间共同学习呢？①

根据佐藤学老师的理论和实践，滨之乡小学探索出了多种方法来促进老师之间的共同学习。这些方法虽然在表面上看起来各不相同，但本质上教师和学生的共同学习是相通的，都是围绕着安全感、联结和深度展开的。首先，在根本上要有安全感，教师不害怕开放课堂，不担心老师们来听课，互相观摩教学；其次，要有联结，老师们将共同教研当作自我成长学习的机会，制定了公约，约定不评价教师，只针对学生的学习过程展开讨论；最后，课题研究要有深度，鼓励老师结合学校的教育场景，自主选择课题并深入研究。

在滨之乡小学，老师之间的共学具体体现在了以下三个方面：

首先是充分赋能的老师。滨之乡小学每月只开一次事务性的会议，把更多的时间充分留给老师们做课程准备。学校对老师充分信任，那些检查评比、晋升职称等考核都不存在。当然，日本学校在"同僚性"和"自律性"上也会有适当管理的机制。在这种少监管、多放权的环境下，老师们因感受到了被信任和支持的情感而努力成长。

学习共同体的课堂转型给每一位老师都带来许多挑战。有的教师为了锻炼"倾听"的能力，专门去学习绘画素描，以此锤炼自己观察学生的能力；每一位老师都在努力成为"专家"；每一个人都参与到课堂研究中，在每次研讨中加深对儿童学习的理解。

其次是全面开放的课堂。每位老师每年至少要开展一次校内公开课，学校每年举办超过 100 次的公开课并开展课后相应的教学研究。在公开课上专门进行摄像录制，并在教学研讨会上播放和讨论，从而促进教师之间的交流和学习。

---

① 张义飞.他乡的童年：那些日本教育感动我的［EB/OL］.（2019-11-21）［2024-10-22］. https://www.sohu.com/a/355768950_508504.

第四章 教师专业发展的域外经验

49

最后是老师们的公开教学研究。研究包括课题研究和课堂研究两种形式:一种是全校从校长、老师、校医到食育员等所有职工都有的研究课题,课题研究成果每年都会集结成册,内容质量高;另一种就是公开课后的课堂研究,每年 100 次以上的课堂研究,是老师们职业发展最有效的途径之一。在课堂研究中,教师们负责认真观察特定学生小组的学习过程,并就这些学生的真实学习情景向授课教师反馈。课堂研究会有如下五条规定:第一,不能仅凭自己的意见对课堂进行批判;第二,课堂中的难点、问题点、兴趣点在很大程度上是相通的,可以在课堂研究会上进行相互沟通和交流;第三,课堂受益于学校、社会、家长等多方面的共同努力,因此社会各界人士都有参与课堂研究会的权利;第四,课堂研究会上的主要关注点是听取意见、归纳问题、反馈建议;第五,课堂研究会的目的是让教师直面课堂中的问题,思考解决的方法。[①]

第二节 德国职业教育教师专业发展

德国职业教育体系较为完备,对从事职业教育的人员都有严格的规定,包含资格证书的取得及职业教育教师的内在品质等方面。德国双元制职业教育享誉世界,其独特的发展模式为各国提供了职业教育借鉴的模板,职业教育的成就很大程度上依赖于高质量的教师队伍,德国职业教育师资培养值得细细研究。

一、德国职业教育教师基本构成

在德国,职业教育的教师构成呈现双元性。一部分教师来自职业学校,另一部分来自企业;二者各司其职,共同完成教育学生的任务。其中,学校教师主要开展系统化教学,以理论为基础,增强学生认知;企业教师以实践课程为基点,开展模块化教学,强调培养学生的动手能力。这两类教师相辅相成,为学生顺利融入社会提供了重要支持。

浙江某职业技术学院机械工程教师赵老师,在参观德国一所职业学校后,对德国双元制教育系统的职业教师培训方式很感兴趣。德国的职业教育教师不仅需要在大学中完成理论学习,还需在企业中进行长期的实践培训。赵老师回国后,倡议学院与当地企业合作,建立了一个类似的师资培训程序,让教师能够在实际工作环境中更新和升级他们的技术技能,同时将最新的工业技术直接引入课堂教学中。

---

① 刘原兵.日本滨之乡小学课堂改革实践考察[J].世界教育信息,2014,27(4):35-39.

二、德国职业教育教师素质要求

德国各州文教部部长联席会议 1991 年颁布的《关于职业学校的框架协议》对职业学校及其教师进行了明确的任务与作用规定,其中教师需要具备以下素质要求:传授职业能力,使专业能力与人格素养和社会能力相结合;发展职业灵活性,以应对劳动世界和社会的动态变化;奠定职业进修与职业继续教育的基础;促进个人生涯及公众生活中负责任的行动能力和基础的培养;激发和帮助学习过程;对学习成绩进行评价与诊断;提供咨询服务;参与学校的发展。德国职业院校专任教师培养培训的目标是实现学术性、师范性和职业性的三性合一。[①]

实现学术性意味着教师需要具备广泛和系统的知识体系,以及教育实践的科研能力。只有在这种学术性的基础上,教师才能有效地实现可持续发展,适应日新月异的技术、经济与社会环境,才能较快地吸收并应用新的科研成果,从而在教学中有创新的突破。[②]

师范性或教育学属性的体现是由教师的服务对象及其工作任务决定的。教师面向学生的任务是教书育人,因此他们必须掌握基本的教育学知识,包括职业教育学、职业科学、心理学、社会学等,运用科学的教学方法来传授职业技能和知识,培养职业技术人才。[③]

职业性的凸显来自教师的工作领域,即职业教育的特殊性。职业教育的目标是"针对不断变化的劳动环境,通过规范的教育过程传授符合要求的、进行职业活动必需的职业技能、知识和能力。它还应该使获得必要的职业经验成为可能"。[④] 这一教育目标提出一个明确的要求,即发展学生的职业行动能力。为此教育学界提出教师教育职业性的理论。

三、德国职业教育教师发展模式

德国职业教育教师的发展模式体现了系统性与多样性的结合,旨在培养具备深厚专业知识和实践能力的教育者。这一模式包括以下几个关键方面:

(1)教师资格认证系统。德国要求职业教育教师必须通过一系列严格的认证程序。这包括专业学术教育、职业培训以及教师培训课程。教师资格的认证确保了教

---

① 邓晓妍.德国职业教育职业能力开发模式中的教学评价研究[D].天津:天津大学,2010.
② 褚建伟.德国"双元制"职业教育的师资配置及其路径[J].高等职业教育(天津职业大学学报),2016,25(3):20-23.
③ 陈幼德.德国职业教育教师资格及其培养模式的启迪[J].教育发展研究,2000(2):80-83.
④ 刘春生,高玉鹏.美国职业教育改革的新动向及启示[J].外国教育研究,2004(9):58-60.

师具备必要的理论知识和实践技能。

（2）继续教育与专业发展。为了应对快速变化的职业技术和市场需求，德国强调教师的终身学习和专业发展。教师参与各种研讨会、研究项目和进修课程，不断更新和扩充他们的知识和技能。

（3）实践与理论的结合。在德国的双元制教育体系中，教师不仅传授理论知识，还注重实践技能的培养。他们经常与行业和企业合作，确保教学内容与实际工作需求紧密相关。

（4）师资队伍多元化。德国职业教育教师队伍由来自不同背景的专家组成，包括拥有学术研究背景的教师和具有丰富实践经验的行业专家。这种多元化确保了教学内容的广度和深度。

（5）教师角色的扩展。德国职业教育教师不仅是知识的传授者，也是学生职业发展的指导者和咨询者。他们在帮助学生职业规划和个人发展方面发挥着重要作用。

（6）质量保证与评估。德国对职业教育教师的工作进行定期评估，确保教学质量。这包括对教学方法、课程内容、学生反馈和教师专业发展的综合评估。

> 孙老师是一名来自河南某一职业学校的汽车修理教师。在一次国际教育交流中，他详细了解了德国职业教育教师的评价机制，特别是如何通过定期的教学评价与诊断来提升教学质量。德国的系统不仅关注教师的知识和技能，还包括对其职业灵活性和个人生涯规划能力的评估。回国后，孙老师倡议学校引入类似的综合评价系统，通过建立一个由同行教师、行业专家和学生组成的评价团队，来定期评估教师的教学效果和职业发展水平。

这种评价机制的引入不仅增强了教师提高自己教学质量的自觉性，还激发了他们持续专业成长的动力。同时，这一做法也帮助学校更好地适应快速变化的教育需求和行业发展，确保教育质量与市场需求保持同步。

这些方面共同构成了德国职业教育教师发展的全面模式，确保了教师能够有效应对职业教育的挑战，为学生提供高质量的教育和培训。①

> 德州农工大学化学工程系教授张老师深知每个学生的学习背景、兴趣和能力有所不同，为了使每个学生的学习效果最大化，张老师在教学中积极运用"因材施教"的理念。
>
> 在课程开始前，张老师会通过问卷调查、个人访谈等方式，了解学生的学术背景、职业目标、学习偏好等差异，根据学生的反馈，将学生分为不同的学习小组，每个小组的学习目标和教学方法都会有所不同。在教学中贯彻"学生中心"理念，实施个性化教学计划，如对于学术基础扎实、对化学工程有浓厚兴趣的学

---

① 伍慧萍.当前德国职业教育改革维度及其发展现状[J].比较教育研究,2021,43(10):38-46,54.

生,他会为他们提供更高阶的学习材料和研究项目,以激发他们的创新能力和研究潜力;对于基础较弱或兴趣不浓的学生,他会注重基础知识的讲解和实际应用案例的引入,帮助他们建立对化学工程学科的兴趣和信心。他积极采用互动式教学方法,让每个学生都能在团队中发挥自己的特长;会定期与学生进行个人或小组的交流,了解他们的学习进展和困难,根据学生的反馈及时调整教学计划和方法,以确保每个学生都能得到最适合自己的教学;对于有需要的学生,会提供额外的辅导和学习资源,如推荐阅读书籍、在线课程等;还会鼓励学生参加学术竞赛、科研项目等,以拓宽他们的学术视野,增强实践能力。

在张老师的"以学生为中心"和"因材施教"理念指导下,学生们的学习效果显著提高,学生的满意度和自信心也得到了显著提升,他们感到自己得到了充分的关注和支持,能够在学习中发挥自己的优势并取得成功。张老师的理念和教学方法也得到了学生和同行的广泛认可,他的课程成为学生们争相报名的热门课程之一。

第三节　美国高等教育教师专业发展

一、美国高等教育教师专业发展的基本阶段

美国高等教育教师的职业发展通常经历不同的阶段,每个阶段在教师的教学生涯中都具有重要意义。第一阶段是研究生时期,这是教育者职业发展的起始阶段。在攻读博士学位或其他专业学位期间,研究生通常会获得教学和研究的基础培训。他们可能会在助教或研究助理的角色中积累教学和研究经验。第二阶段是助教和讲师。毕业后许多新博士或专业学位获得者开始作为助教或讲师进入高等教育领域。他们主要负责教学,积累教学经验,并逐渐形成自己的教学风格。第三阶段是助理教授。成功的讲师可能有机会晋升为助理教授。在这一阶段,教师的重点可能逐渐转向独立研究和学术产出,教师在学术界取得认可,同时继续进行教学。第四阶段是副教授。通过在研究、教学和服务方面的优秀表现,一些助理教授可能晋升为副教授。在这个阶段,教师在学术领域中建立起自己的声望,并开始在专业组织中承担领导角色。第五阶段是教授,这是教育者职业生涯的顶峰。该阶段的教师在教学、研究和服务方面都取得了显著的成就,他们通常有更大的自主权,可以更灵活地组织自己的教学和研究活动。此外,部分教育者会选择朝学术领导和行政方向发展,他们可能担任学院的院长、副院长、校长或其他行政职务,负责学校或学院的管理和决策。这些阶

段提供了一般性的框架,实际上教师的职业发展路径可能会因个人目标、学科领域和所在机构的不同而有所差异。

从教师的长远发展来看,美国非常注重新教师的发展与培养。美国全国教育协会(NEA)发表的《大学教师发展:国力的提升》指出,高校教师发展包括教学发展、组织发展、专业发展和个人发展。美国高校教育信息化组织提出的"大学教师发展五年计划",将大学教师职业生涯的前六年分成了三个阶段:第一阶段是博士生毕业前一年。在这一阶段实施"研究生管道项目",主要是获得大学教师资格的培训。这一项目旨在为即将毕业的博士生提供必要的知识和技能,使他们顺利过渡到大学教师的角色。第二阶段是大学教师工作的第一年。在这个阶段采用"新教师入职培训项目",该项目帮助新教师适应新的工作环境,掌握教学基本技能,并了解学校的规章制度和文化氛围。第三阶段是大学教师职业生涯中的第二至第五年。该阶段将继续开展入职培训项目,并结合高级教师的督导制促进新教师的发展。通过导师制度,资深教师指导新教师,提供教学和研究上的帮助。同时,这一阶段新教师的经验和能力也有高级教师学习的地方,青年教师可对老教师进行技术方面的反向辅导,形成互相学习的良性循环[1]。

来自山东的大学物理张老师在参加一个关于美国高等教育教师专业发展的研讨会后,对美国教师发展阶段和支持系统产生了浓厚的兴趣。美国高校通常为教师提供丰富的专业发展资源,包括研讨会、工作坊以及继续教育课程,尤其是在新教师入职的前五年中,通过系统的培训与高级教师的督导制进行支持。

受此启发,张老师回国后倡议自己的大学建立类似的教师发展程序。他特别推动了一项"新教师导师制"项目,允许新教师在入职初期接受来自经验丰富教师的一对一指导,并引入了"反向辅导"策略,鼓励新教师在技术和新教育方法上"反哺"资深教师,以促进双方的共同成长,适应现代教学需求。

二、美国高校以学生为中心的教师教学模式

美国高校普遍采用以学生为中心的教学模式,这种模式强调学生的学习需求、兴趣和发展,致力于创造一个积极、互动和个性化的学习环境。这一教学模式有以下特征:

(1)个性化学习计划:学生在美国高校通常有更大的自主权,可以根据自己的兴趣和职业目标选择课程。这种自由选择的机会有助于激发学生的学习热情,提高学生的学业投入度。

---

[1] 涂文记.美国大学教师发展模式及其对我国的启示[J].集美大学学报(教育科学版),2011,12(2):29-32.

（2）小班教学：许多美国高校倡导小班教学，以便教师更好地关注每个学生的学习情况。这种教学模式有助于促进互动、讨论和学术合作，提高学生的学术表现能力。

（3）互动式教学方法：美国高校采用多种强调学生参与和互动的教学方法，如讨论课、小组项目、实践性任务等，以培养学生的批判性思维和问题解决能力。

（4）导师制度：许多高校设有导师制度，教师充当学生的导师，提供学术指导、职业建议和个人支持。这有助于师生之间建立更为密切的关系，促进学生全面发展。

（5）实习和实践经验：许多高校鼓励学生参与实习、实践项目和研究活动，有助于学生将理论知识应用到实际情境中，提升职业竞争力。

（6）学生支持服务：提供全方位的学生支持服务，包括心理健康咨询、学术辅导、职业规划等，以确保学生在学术和生活方面都能够得到支持和指导。

（7）多元化的学生群体：美国高校通常拥有来自不同背景、文化和国家的学生，这种多元化促进了跨文化交流和理解，为学生提供了更广泛的学习经历。

（8）评估和反馈：采用多样化的评估方法，包括作业、考试、项目、讨论等，同时有及时的反馈机制，帮助学生了解自己的学业表现并进行改进。

这些特征共同形成了以学生为中心的教学模式，旨在培养学生全面综合的能力和素质，助力其在未来的职业生涯中取得成功。

如美国麻省理工学院（Massachusetts Institute of Technology，MIT）实施以学生为中心的教学模式，注重培养学生的创造力、实践能力和独立思考。MIT 采取了以下具体措施：

（1）广泛的课程选择：MIT 提供了多样化的课程选择，鼓励学生在不同领域拓展知识，学生可以根据个人兴趣和学科方向自由选择课程，从而激发学习热情，培养探索精神。

（2）实践性学习：MIT 强调实践性学习，通过实验、项目和实习等方式，让学生将理论知识应用到实际中，提升学生的实践能力。

（3）多样化的教学方式：MIT 采用小组讨论、项目导向的学习、在线资源利用等多样化的教学方法，促进学生的积极参与和互动。

（4）独立研究项目：学生在 MIT 有机会参与独立研究项目，与教授合作或独立完成研究。这些项目提供了宝贵的实践经验，使学生能够深入探索感兴趣的领域，培养独立思考和研究能力。

总体而言，MIT 这种以学生为中心的教学模式致力于培养学生在解决实际问题时运用所学知识的能力，强调实践性学习和创新思维，为学生提供了广泛的学术和实践资源，有助于培养学生成为未来的科技和创新领域的领导者。

美国富兰克林·欧林工程学院（Franklin W. Olin College of Engineering）以学生为中心的教学理念体现在多个方面，强调实践、项目驱动、创新和学生参与。该学院的教学模式有以下具体特点：

（1）将项目驱动学习作为核心，通过实际项目让学生应用理论知识。这种学习方法不仅让学生深入理解学科内容，还培养了他们的实际操作和解决问题的能力。

（2）采用小班教学，确保教师能够更加关注每位学生的学习情况。这种亲密的教学环境有助于师生之间建立密切关系，提供更多个性化的学术支持。

（3）鼓励跨学科学习，让学生在不同领域之间建立联系。这种方式不仅拓宽了学生的知识面，还培养了他们的综合思维能力，使他们能够应对复杂的现实问题。

（4）学生有机会参与实际工程项目、研究和创业活动，提高他们的职业竞争力，为未来职业发展打下坚实基础。

（5）鼓励学生参与学校的决策过程，包括在学术事务、校园活动和课程设计等方面提供意见，培养学生的领导力和自主决策能力。

（6）推崇国际化教育，鼓励学生参与国际项目、实习和交流活动，拓宽学生的国际视野，培养学生的跨文化交流和合作的能力。

通过以上这些措施，富兰克林·欧林工程学院致力于提供一个以学生为中心的教育环境，培养学生的实践能力、创新思维和领导力，确保他们在未来的职业生涯中取得成功。

以学生为中心的教学模式强调教学过程应该紧密关注学生的学习需求和个体差异，这对教师的全面素养和专业发展提出了相应要求：

（1）教师需要具备识别和理解学生个体差异的能力，以便采用个性化的教学方法，根据学生的学习风格、兴趣和学术背景，从而设计出有针对性的教学计划，满足不同学生的学习需求。

（2）教师需要具备灵活性和适应性，能够灵活调整教学策略，以适应不同学生的学术水平、兴趣和学习风格，确保每个学生都能有效参与和学习。

（3）教师需要具备广泛的学科知识，能够在跨学科的背景下进行教学，满足学生多样化的学科需求。

（4）教师需要积极探索和采用教育技术，以支持个性化学习和创新教学方法。

（5）教师需要发展团队合作和有效沟通的能力，以促进课堂的互动和知识共享，培养学生的协作能力和团队精神。

（6）教师需要与学生建立积极良好的关系，关心学生的心理健康和社会情感需求，有助于创建一个安全的学习环境，使学生感到被理解和支持。

（7）教师需要持续进行专业发展，关注教育研究的最新发展、新兴的教学方法和技术应用，不断提升自己的教学水平，保持教学的前沿性和创新性。

宁波工程学院机器人学院借鉴美国富兰克林·欧林工程学院的办学成果，和香港科技大学李泽湘教授团队领衔的宁波智能技术研究院共建特色学院，开展新工科教育改革，其教师团队以项目化教学为特色，贯彻学生中心、结果导向和持续改进的教育理念，走出了一条产教、科教协同育人的新途径。

三、美国高等教育教师专业发展的支持系统

为了进一步提升教学质量、促进大学教师的发展，美国越来越多的高校设立了教师发展项目，建立了专门的教师发展组织和机构。美国高校教师发展的研究协会——高等教育专业与组织发展协会（Professional and Organizational Development Network in Higher Education，简称 POD Network）正是在这样的背景下成立和发展的。①

POD Network 成立于 1975 年，起初是为了支持明尼苏达大学的新教师，后来逐渐发展成为一个服务全球高等教育专业发展社区的组织。该协会的成员构成是多元化的，包括大学和大专院校的教育专业发展从业者，他们来自不同的学科领域和机构层次。会员还包括教学中心的工作人员、学术事务专业人员以及其他致力于高等教育专业发展的个人。

POD Network 为高等教育领域的教师提供了丰富的专业发展资源，包括研讨会、培训课程、网络资源、研究论坛和出版物等，这些资源帮助教师不断提升自身的教学技能和其他专业素养。POD Network 还为教师提供分享教学创新和实践的平台。教师可以从同行的经验中学习、了解有效的教学策略，并将其应用到自己的教学实践中。POD Network 鼓励和支持跨学科合作，促进不同学科领域的教师之间的交流与合作，这有助于教师更好地理解不同学科的教学挑战和创新点。该组织通过提供研究资源及开设研究论坛，支持教师参与高等教育专业发展领域的研究，教师有机会分享自己的研究成果，推动该领域的知识创新。POD Network 不仅关注教师的教学技能，还关注其领导力的发展。该组织提供领导力培训、交流平台和资源，帮助教师在领导和管理方面取得进步。同时作为国际性组织，POD Network 促进了美国教师与国际同行的交流与合作，开拓了美国教师的国际视野。

美国绝大多数高等教育机构都设有类似教师发展中心的机构，通常被称为 Teaching and Learning Centers（教学与学习中心）或 Faculty Development Centers（教职员工发展中心）。这些机构的目标是支持和促进教师的专业发展，提高教学质量，推动教学创新。如斯坦福大学的教学与学习中心（Center for Teaching and Learning）致力于提供高质量的专业发展服务，支持教师在课堂教学和学术创新方面的成长。该中心提供多样化的培训和研讨会，涵盖从教学技巧、课程设计到评估方法等方面的主题，这些活动旨在激发教师的创新思维，提高他们的教学效果。教职员工可以在中心寻求个别或小组的咨询服务，以解决教学中的具体问题。中心提供技术支持，帮助教师更好地在教学中整合利用教育技术工具，提供给学生更有效的学习体

① 余双双，李永.高校教师教学联盟的发展及启示——基于美加英澳四国的实践[J].教师教育论坛，2017，30（7）：90-96.

验。中心支持和推动教学创新项目,鼓励教师参与跨学科和跨部门的合作,以提高教学的多样性和创新性。中心提供教学评估服务,包括同行评审和学生评价,以帮助教师了解自己的教学效果,同时提供改进建议。中心还通过组织教职员工社区活动、讲座、座谈会等,促进校园内的教学社区建设,使教师能够分享经验、取得反馈并互相启发。

　　来自江苏某大学商学院的李老师在参加美国某大学组织的教师发展研修班时,深受其推广的跨学科教师合作模式启发。美国高校常鼓励教师之间跨学科交流与合作,通过建立多学科团队,共同设计课程和研究项目,这不仅增强了教学内容的多样性,也拓宽了教师的专业视野。回国后,李老师倡议在自己的大学推广这一模式。他联合工程学院和人文学院的几位教师,共同开发了一个跨学科课程,旨在探索技术创新与商业伦理的交叉点。该课程大受学生欢迎,同时也为参与的教师提供了宝贵的跨学科教学和研究经验,促进了他们的专业发展。

宾夕法尼亚大学的教师发展中心致力于推动多样性和包容性的教学。该中心通过提供培训、设立工作坊及提供丰富的资源,帮助教师更好地理解和满足学生的多样化需求,创造包容的学习环境。中心支持教师在课堂教学中整合技术,并提供关于在线教学实践的培训。他们关注新兴的教育技术,并帮助教师有效地使用这些工具来支持学生学习。该中心为不同学科领域的教师提供学科特定的支持,包括人文社会科学、自然科学等,满足各个学科的教学需求。该中心不仅关注教学,还提供研究支持,帮助教师在学术研究和出版方面取得成功。中心支持建立学术社区,促进教师之间的交流和合作。

斯坦福大学的教师发展中心强调教学创新、跨学科合作和卓越教学实践。宾夕法尼亚大学展示了一个关注多样性、技术整合和学科特定支持的教职员工发展中心。这样的中心在美国的高等教育机构中广泛存在,具体的服务和项目可能因学校而异,但主要目标都是支持和促进教职员工专业发展。

第四节　　其他国家教师专业发展借鉴

一、北美与欧洲国家教师角色认同的研究

教师职业认同理论关注教师在职业生涯中如何构建、内化和表达自己作为教育者的认同感。在教师职业认同理论中,职业认同指的是个体对自己作为教育者专业身份的认同感,包括对教学、学科、学生和学术社群的认同。教师职业认同既包括社

会对教师的期望和评价的反映,也包括个体对自己的职业角色和责任的理解。这两者交织在一起,影响教师对自己在教育体系中的定位。教师职业认同的形成是一个动态的过程,可能在整个职业生涯中不断发展和演变,涉及个体在教育经历、专业发展、社会交往和反思中逐步建构的多维度认同。

在教育生涯中,教师可能经历认同的危机,例如对教育体系的质疑、教学实践的挑战等,这些危机可能导致认同的转变和重新构建。学者可能使用多种研究方法,如深度访谈、观察、问卷调查等,来了解和探讨教师职业认同的形成和发展。

一般而言,北美学术界主要关注角色认同,即个体对自己在社会结构中所处特定位置的意识。[①] 这种认同方式强调了在整个社会体系中扮演的角色,特别是在职业领域中的身份。北美学者认为,教师的职业认同不仅包括教师对自己职业的理解和认可,还涉及社会对教师角色的期待和评价。北美学术界对教师职业的认同研究强调以下几点:(1)动态性:教师职业认同不是固定不变的,而是在整个职业生涯中不断发展和变化的。教师需要通过不断地反思、学习和适应,来调整和强化自己的职业认同。(2)多维性:教师职业认同包含多个维度,包括教学、学科、学生和学术社区的认同。这些维度相互交织,共同构成教师的职业认同。(3)社会期望和个人认同的交织:教师职业认同既反映了社会对教师角色的期望,也包括个体对自己职业角色的理解和认同。社会对教师的期望和评价会影响教师的自我认同,反之,教师对自己职业的理解和认同也会影响其教学实践和专业发展,从而影响社会对教师的期望和评价。

与此不同,欧洲学术界更倾向于将基本认同方式分为个人认同和社会认同两个层面。个人认同涵盖了个体对其独特性的意识,即在时空中确认自己是同一人而非他人。在教育领域,古德森(Goodson)与库乐(Cole)认为,教师的职业认同是一个动态的个体与情境相互作用的过程,涉及个人和职业两个方面。职业认同不是静止或单一的,而是一个复杂而动态的平衡过程,其中教师需要在多种角色之间找到平衡,以形成其职业形象。柯德隆(Coldron)与史密斯(Smith)进一步强调,职业的自我形象反映了教师对社会赋予的各种角色的认知平衡。这个平衡形成的过程即职业认同的演进,是一个复杂而动态的过程,教师在其中扮演着积极的主导角色。这种主动参与的特征使得教师能够灵活地适应变化,并持续塑造其在教育社群中的专业身份。[②]

北美和欧洲学术界对教师职业认同的研究为全球教师专业发展提供了宝贵的理论和实践指导,这些研究强调教师职业认同的动态性和多维性,倡导通过持续的专业发展和社会支持,帮助教师在不断变化的教育环境中找到自己的定位,并不断提升专业素养。

---

① 张帆.免费师范生教师职业认同现状的调查与建议:以新疆师范大学为例[D].乌鲁木齐:新疆师范大学,2013.

② 张敏.国外教师职业认同与专业发展研究述评[J].比较教育研究,2006(2):77-81.

二、全球教师专业发展外部干预与保障研究

教师专业发展是一个旨在提高教师的教学能力和专业知识水平、领导力和个人发展水平的终身过程。这是一个动态和多层次的过程,需要学校领导层、教育机构和整个教育体系的共同努力来创建支持性环境,从而激发教师的学习热情,促进他们的职业成长。

(一)促进教师专业发展:教师培训

澳大利亚采用了以"项目"和"平台"为特征的教师发展引导方式。新教师入职培训项目涵盖了了解高校发展方向、认识学校内部结构、完成在线学习课程等内容。此外,教师职业生涯发展规划项目通过设定阶段性目标、回顾和评估,为教师提供了一个自我发展的框架。

在新加坡,教育部实施了专门的教师培训计划,包括入职培训和职业发展培训。新教师通过系统的培训课程了解教育体系、学科知识,创新教学方法。同时,老师可以参与各种专业发展课程,提高他们在不同领域的教学技能。

在芬兰,教育体系注重教师专业发展,开展各种研讨会和工作坊,帮助教师分享教学成果并引入创新的教学方法。此外,教育机构与研究机构合作,为教师提供参与教育研究的机会,从而促进他们的学术成长。

(二)检验教师专业发展:教师多元考核

加拿大建立绩效评估体系,通过定期的教学评估、同行评价和学生反馈,对教师的绩效进行全面评估。这种评估不仅仅关注教学效果,还关注教师的学术研究和专业服务等方面。

澳大利亚实行以绩效管理为核心的教师发展压力机制。教师绩效是指由教师工作行为与教师工作结果两方面综合反映的教师业绩的高低。[①] 教师的绩效直接关系到其工作结果和反馈,澳大利亚教育体系通过对教师绩效的不断审核和回顾,促进了教师整体业绩的增长和发展。

(三)保障教师专业发展:外部体系支持

英国的高等教育机构设立了专门的教育研究与发展中心,致力于支持教师的专业发展。这些中心提供各种资源、工作坊和培训项目,帮助教师不断提升其教学和研究能力。英国高等教育拨款委员会为奖励英国各高校支持教学的行为,还专门设立

---

① 刘丹凤,李晓波.澳大利亚国立大学教师发展机制与启示[J].当代教育科学,2015(5):47-50.

了教学质量提升基金（Teaching Quality Enhancement Funds），为全国 74 所教学与学习绩优中心（The Centres for Excellence in Teaching and Learning，CETL）进行投资，以支持高等教育机构中师生的自我发展。[①]

在新加坡，教育部推行全面的教师发展计划，包括专业培训、课程更新和支持研究。新加坡教育学院（NIE）为教师提供系统性的培训和发展机会，通过持续的专业发展，帮助教师提升其教学和领导能力。此外，新加坡还鼓励教师参与国际性的学术研讨会和交流项目，以促使其在全球范围内不断学习和分享最佳实践。

以色列通过导师制度构建了一个有力的教师支持网络。新任教师融入学校后，能得到经验丰富的导师的指导，导师与其分享实践经验，提供个性化的专业发展建议。这种支持体系不仅有助于新教师更好地适应教育环境，快速成长，还促进了教育经验的传承。导师不仅在教学技能上提供指导，还在教育理念、学科知识更新等方面进行全方位的支持，为教师的职业发展提供了深入而持续的帮助。

总体而言，全球各国都在努力构建更完善的教师专业发展体系，通过培训、评估和系统性的支持机制，为教师提供更多机会，推动教师实现全面的个人发展。

三、其他国家教师专业发展的特色案例研究

（一）澳大利亚国立大学：激励机制，助力发展

澳大利亚以高校教学奖项与奖学金制度为代表的教师专业发展激励机制比较完善。高校教学奖项与奖学金制度是一种鼓励和奖励高等教育机构内表现出色的教师的激励机制，能够有效推动其教学和专业发展。以澳大利亚国立大学（ANU）为例，教师专业发展激励机制包括学术职业发展计划、教学奖项和教育奖学金计划、CHELT（Centre for Higher Education，Learning，and Teaching）研讨会等。

学术职业发展计划是澳大利亚国立大学提供的一项支持教师专业成长的计划。通过这一计划，教师可以参与各种培训、工作坊和研讨会，提高教学和研究能力。该计划通常涵盖教学方法、课程设计、学科知识更新等多个方面。

澳大利亚国立大学拥有一套完善的奖励制度（包括奖项与奖学金）。教育奖项的设立可以鼓励和肯定在教育领域取得显著成就的教师。ANU 的教育奖项主要有三类：①ANU 学习与教学联合奖，目的是支持 ANU 与其他高教机构建立联系，为 ANU 学生提供新的机会，在实践中扩展其研究和专业领域并加强合作学习；②ANU 副校长教育促进奖，主要是支持高校教师在教学中不断提高教学能力；③ANU 研究导向教育奖，为支持研究型教师的发展而设立。同时 ANU 设立了教育奖学金计划，

---

①　崔骋骋.英国高校教师发展的"楷模"：剑桥大学教师个人与专业发展中心的经验与启示[J].比较教育研究，2016，38（2）：47-52.

支持高校教师在教学方面的不断提升。[①] 通过此计划,教师有机会申请奖学金,用于开展与教学和学习创新相关的研究项目,促进教师在教学领域的创新和实践。这些奖项与奖学金制度共同构成了澳大利亚国立大学教师专业发展的激励机制,通过激发教师的热情、提供资源支持及建立专业认可制度,推动教师在教学领域不断进步和创新。

CHELT 是澳大利亚国立大学设立的一个机构,主要致力于促进高等教育的发展。该机构组织研讨会、研究活动等,为教师提供交流和学习的平台,从而促进教师的专业发展。

澳大利亚国立大学在教师发展方面的成就体现在其对多样性的支持,通过奖项、奖学金、培训计划和学术交流平台的全方位覆盖,不仅满足了教师在不同方面的需求,还在国际上建立了良好的声誉。这些举措共同构成了 ANU 在教师专业发展上的特色,使其成为全球高等教育领域的领军者之一。

(二)柏林工业大学:创新导向,实践出彩

柏林工业大学实施以创新为导向的教师专业发展策略。该大学通过独特的教学创新奖项,注重理论融入实践,提供全方位的培训支持体系,为教师提供了丰富的专业发展机会,以促进他们在教学领域的不断进步。

柏林工业大学设立了专门的教学创新奖项,旨在鼓励教师在课堂教学中尝试新的方法和技术。该奖项涵盖了创新课程设计、教学技术应用以及学科知识更新等方面,为教师提供了展示创意和实践的舞台。通过评选和颁发这一奖项,学校为教师搭建了分享经验、推动教学创新的平台,激发了他们的教育热情。

柏林工业大学注重将教学理念融入实际教学实践中。通过支持教师参与实际项目,开展与工业界的合作,学校努力将理论知识与实际运用结合。这种注重实践的教学方式不仅丰富了教学内容,也提升了教师的实际教学水平,使学生能够更好地应用所学知识。

柏林工业大学还通过建立教师培训中心,为教师提供全方位的培训和支持。培训内容包括教学方法、科研技能和教育技术的应用等,确保教师在各个方面都能得到不断提升。这个培训中心同时也是一个交流平台,促进教师之间的经验分享和合作。

柏林工业大学通过这些创新的教师专业发展举措,构建了一个积极、创新的教育环境,为学校的教学质量和声誉的提升做出了积极贡献。

(三)工业智者,学术先锋:美国某州立大学 M 博士的教育之旅

M 博士是美国某州立大学机械工程学院的副教授,他具有超过 20 年的产业经

---

① 刘丹凤,李晓波.澳大利亚国立大学教师发展机制与启示[J].当代教育科学,2015(5):47-50.

验,曾在汽车制造业担任过多个高级工程职务。他于 2006 年加入该州立大学,并一直致力于推动工程教育和研究。

M 博士在加入学术界之前在汽车制造业工作,深耕于工业界,积累了丰富的实际经验。为了更好地适应学术环境,他参与了大学提供的教育培训计划,包括教学方法、课程设计和学术研究等方面的课程。在课堂上他运用在行业中获得的实际经验,将理论知识与实际案例结合,激发学生学习兴趣;积极参与工程研究项目,与学生一起探索先进制造技术,推动学科发展。在成为副教授后,他担任了一些年轻教师的导师,分享在工业界和教育界的经验。他还致力于搭建学术与工业界的桥梁,促进大学与汽车制造公司之间的合作,为学生提供更多实践机会。

M 博士的教育之旅不仅是一段跨越工业与学术领域的融合历程,更是为学生提供实际工程应用经验的生动教材。他将 20 多年的工业经验融入教学,点燃了学生对工程学科的热情。他积极参与先进制造技术的研究,与学生共同探索学科的前沿。作为年轻教师的导师,他分享在工业界和学术界的见解,助力新一代工程师的成长。他不仅在课堂上为学生搭建了通往实际应用的桥梁,还通过促进学术与工业的深度合作,为学生提供了更多宝贵的实践机会。M 博士的教育之旅,不仅为工程学科注入新的活力,更是对大学教育与工业创新之间密不可分关系的生动诠释。

某高校的陈老师在研习了教师专业发展的全球经验后,认为高等教育在全球范围内经历了显著的变化,各国在教师专业发展方面的探索与创新为我们提供了宝贵的借鉴经验,尤其是以下几点令人印象深刻。

一是许多国家注重教师的持续专业发展,通过系统的培训和学习机制来促进教师的成长。芬兰的教师培训体系尤为典型。在芬兰,教师不仅需要具备非常强的学术能力,还需要不断接受进修和培训,以适应教育理念和教学方法的更新。这种持续学习的文化,促使教师始终处于教育改革的前沿,能够有效应对教育领域的各种挑战。

二是英国的教师发展计划强调理论与实践相结合。在英国,教师在职期间不仅有机会参加各种理论课程,还可以通过教学实践来验证和完善所学知识。这样的双重机制,不仅提升了教师的专业技能,还增强了他们在实际教学中的应变能力。高等教育者应该借鉴这种做法,推动理论与实践相结合的教师培训模式,让教师在实际教学中不断反思和改进。

此外,美国的教师评价体系为教师专业发展提供了多样化的支持。在美国,教师的专业发展不仅依赖于个人的努力,还需要通过多维度的评价体系来进行,包括学生反馈、同事评价以及自我反思等多方面的综合评价,这有助于教师全面了解自己的教学效果和不足之处。这种多元化的评价体系,为教师提供了更为全面的改进方向,有助于教师在专业发展过程中不断提升自己的教学水平。

我们应当重视这些域外经验,结合我国的实际情况,探索适合本土的教师专业发展路径:着重建立一个系统的教师培训机制;加强教师培训的实践环节,让教师在实际教学中不断验证和完善所学理论;建立多元化的教师评价体系,为教师提供全面、客观的反馈,帮助他们在职业发展中不断进步。

思考题

1. 德国双元制教育的基本理念和内容是什么? 试总结德国职业教育的发展模式。

2. 美国高等教育体系是怎样的? 分析美国为何能够成为高等教育强国。

3. 双减背景下,日本的基础教育阶段教师的专业发展和继续教育能为我们带来哪些启示?

推荐阅读

1. 单中惠著《教师专业发展的国际比较》,教育科学出版社,2010。

2. 谭琦著《日本国立小学 365 天》,生活·读书·新知三联书店,2017。

3.〔德〕第斯多惠著,袁一安译《德国教师培养指南》,人民教育出版社,1990。

4. 徐延宇著《高校教师发展:基于美国高等教育的经验》,教育科学出版社,2009。

第五章　教师专业发展的路径建议

新时代教师专业发展的具体路径的规划需要学校、教师和相关教育机构的共同努力与支持。具体路径包括制定个性化的教师专业发展规划、构建系统性的教师教育培训体系、参与项目化的教师专业发展培训、倡导团队式的同伴互助互帮学习,以及利用现代化的技术辅助教学手段,建立反思型的评价激励反馈机制等。

第一节　制定教师专业发展规划

教师专业发展规划是教师根据自身的职业目标、现状和需求,制定合理的专业发展计划,采取有效的专业发展行动,评估和反思专业发展的效果,不断调整和完善专业发展的路径和策略的过程。

一、学校对教师专业发展规划的要求

(一)不同类型学校的教师专业发展要求

从学校整体定位出发制定教师专业发展规划,需要根据不同类型学校(如中小学、职业院校、高等院校),考虑各类学校的特定需求和教育目标(学校的办学目标、教育理念以及教师队伍的现状等),提出对教师群体专业发展的要求,确保规划既符合学校的长远发展,又能有效提升教师队伍的整体素质。

如针对中小学(幼儿园)教师专业发展的规划提出了爱心与责任心强化、教育教学能力提升和学生发展指导的群体发展要求,包括:强化教师的职业道德观念,树立良好的师德师风,以身作则,成为学生的榜样;加强与家长的沟通与合作,共同促进学生的全面发展;理解国家课程标准,有效整合教材内容,设计符合学生认知规律的教学活动;探索教育教学方法创新,提升信息化教学能力;具备基本的心理健康教育知识和技能,关注学生的心理健康状态,提供必要的心理辅导和支持。

针对职业院校教师专业发展的规划提出了"双师型"教师培养、实践教学能力提

升、生涯规划指导和创新创业教育等群体发展要求,包括:鼓励教师到企业挂职锻炼,积累实际工作经验,成为既能讲授专业知识又能指导实践操作的"双师型"教师;定期参加专业技能培训,保持与行业发展的同步,提升实践教学能力;积极参与校企合作项目,了解企业需求,将理论知识与实践操作紧密结合;引导学生树立创新创业意识,鼓励学生参与创新创业活动;引导学生树立正确的职业观念,提供生涯规划指导,帮助学生明确未来发展方向;具备指导学生进行创新创业项目的能力,提供必要的指导和支持等。

针对高等院校教师专业发展的规划提出了科研与教学并重、学科建设与团队建设、国际化视野拓展等要求,包括:鼓励教师积极参与科研项目,提升科研水平,将科研成果转化为教学资源;注重教学质量监控和评估,确保教学质量稳步提升;关注学科前沿动态,积极参与学科建设,提升学科竞争力;加强教学团队建设,形成结构合理、优势互补的教学团队,共同提升教学质量和科研水平;鼓励教师参与国际学术交流与合作,提升国际视野和跨文化交流能力;具备留学生教学与管理能力,为学校的国际化发展贡献力量。

所以,不同类型学校对教师群体专业发展的要求各有侧重,但总体上都强调师德师风建设、教育教学能力、科研与实践能力、团队协作与国际视野等方面。

此外,同一类型学校由于其办学历史、办学基础、办学要求以及所处区域的不同,对教师专业发展的要求也有较大差别。以某重点学校为例,对教师群体专业发展提出了较高的要求,包括:

高尚的职业道德:严格遵守教师职业道德规范,以身作则,关爱学生,平等公正地对待每一位学生。

积极的心理健康教育:注重教师的心理健康教育能力,鼓励教师关注学生的心理健康,及时发现并解决学生的心理问题,为学生提供必要的心理支持和辅导。

紧密的家校合作:加强与家长的沟通与合作,定期举办家长会、家访等活动,形成家校共育的良好氛围。

深厚的学科知识基础:教师需具备深厚的学科知识基础,能够深入理解学科的核心概念和原理,将学科前沿知识融入日常教学中。

先进的教育理念与教学技能:教师需紧跟教育改革步伐,强调教师的教学设计和课堂管理能力,通过多样化的教学手段和方法,提高课堂效率和学生学习效果。

教学反思与改进:强调教师的教学反思能力,鼓励教师定期进行教学反思和总结,及时改进教学方法和手段。教师通过撰写教学日志、案例分析等方式,记录教学成长轨迹。

团队合作与交流:注重教师之间的团队合作与交流,鼓励教师共同备课、研讨教学问题、分享教学资源等,通过团队协作提升整体教学质量和效果。

（二）不同成长阶段的教师专业发展要求

教师专业发展的途径包括师范教育、新教师的入职培训以及在职教师的培训教育等，教师应树立终身学习的理念，只有始终保持积极的学习热情才能成为一名好的教师。对于不同成长阶段的教师可以有不同的发展要求。新手教师、合格教师和骨干教师在其不同的成长阶段，关注点不尽相同。从新手教师到合格教师，再从合格教师到骨干教师的成长，是两个不同的发展阶段。新手教师一般缺少工作经验，需要经过大量的教学、研究实践才能向合格教师转型。这个阶段的教师更关注个人的生存状况，更在意学生、同事及领导对自己的评价。另外，新手教师的专业成长更多地需要外在的辅助，而师徒制的专业成长模式则成为新手教师专业成长的有效途径，如请有经验的教师带领新手教师一起备课，相互听课学习等，使新手教师更好、更快地融入工作，获得较为快速的成长。

> 上海市某小学应老师作为初任教师，对教学工作充满了热情和期待，但在初期的教学活动中遇到了诸多挑战，她曾一度陷入自我怀疑和困惑中。幸运的是，她得到了经验丰富的师父李老师的悉心指导。

> 李老师建议她先随堂听课，观察他人是如何备课、如何把控课堂节奏的。然后带着应老师进一步备课，并让她尝试上课，逐步熟悉教学流程。李老师还给予心理上的支持，帮助她克服初上讲台的胆怯和不安。在指导过程中，李老师进一步强化聚焦教育理念和思维建构，帮助应老师理性正视自己的教学模式和教学理念，通过反思和调整，应老师逐渐认识到自己的优势，并摸索出适合自己的教学方式。

> 经过一段时间的师徒结对活动，应老师逐渐站稳了讲台，对教材更加熟悉，对课堂环境、课堂效果也更有把握。她不仅在教学上取得了进步，还形成了自己的教学风格，能够独当一面地开展工作。

因此，教师应结合个体自身所处的阶段进行充分的现状评估，分析自己的专业现状和需求；客观地评估自己的专业知识、能力、态度和价值观等方面的优势和不足；找出自己在专业发展中面临的问题和困难，明确自己在专业发展中需要改进和提高的方面，明确发展的重点和需求，有针对性地做好教师专业发展规划。

二、学校对教师专业发展规划的支持

（一）打造教师专业发展阶梯

学校作为教师专业发展的主要场所和平台，应该为教师提供良好的专业发展环境和支持。学校应深入了解每位教师的个性发展特点和职业目标，通过问卷调查、个别访谈等方式收集教师的意见和建议,根据教师的个人发展需求,帮助教师制定个性化的职业规划方案。这些方案应明确教师的职业发展路径、目标和措施,并提供必要的支持和帮助。学校应为教师提供多样化的发展机会和平台,如参加学术会议、进修培训、访学交流等,同时鼓励教师参加高级别学位课程和专业认证的学习,提升自己。具体来说,学校应该建立健全教师专业发展的制度和机制,明确教师专业发展的目标、内容、方式、标准、评价等,建立健全与学校发展目标相统一、与教师需求相符合、与教育改革相适应的教师专业发展体系。在此过程中,学校应结合教师专业发展的阶段特征,制定教师不同发展阶段的支持计划。教师专业发展规划的设计要立足当下,面向未来,符合学校专业建设要求和学科发展特性,可以根据不同教龄、不同经验教师的特点,做好发展规划的区分,形成稳固的阶梯式发展结构。

其一,学校组织深入调查本校教师专业发展现状,结合学校的办学层次、类别、学科、类型等因素进行支持教师专业发展的路径设计,将专业建设、课题研究、课程改革、品格提升工程等项目与教师专业发展规划紧密结合,在做好项目建设的同时助推教师专业成长。

其二,学校增加对教师专业发展的投入和保障,为教师提供充足的时间、资源、设施等,鼓励和支持教师参加各种形式的专业发展活动,如培训、研讨、交流、观摩、合作、课题研究等。

其三,学校积极创造多元化的教师专业发展的机会和渠道,充分利用学校内外部的专业资源,建立与其他院校、科研机构等的合作关系,拓宽教师专业视野,促进教师专业交流和共同学习。

其四,学校建立有效的教师专业发展的监督和评价体系,采用多元化的评价方法和指标,如自我评价、同行评价、学生评价、家长评价等,关注教师专业发展的过程和结果,反馈教师专业发展的效果和问题,为教师提供及时的指导和建议。

其五,学校建立公平合理的教师激励机制,将教师专业发展与职称晋升、工资待遇、职务安排等挂钩,对于在专业发展中表现优秀或者取得突出成果的教师给予表彰或者奖励,激发教师专业成长的动力。

(二)搭建教师专业发展平台

学校可制定多项措施,从增进教师专业知识、增强教师专业能力、提高教师专业伦理三个层面,为教师的专业发展搭建平台。

首先,教师专业发展需建构自己的专业知识基础,所有教学智慧都是建立在教师"个人理论"的基础上[1],学校应从专家讲座、理论培训学习、学历进修、访问学者等方面促进教师专业知识体系的完善与提升。

其次,教师专业发展需提升自己的课程设计能力、教育教学能力、教学反思能力和

---

[1] 蒋茵.教师专业知识:职前教师实践教学的基石[J].教育理论与实践,2021,41(26):35-39.

科学研究能力等,学校应基于实践共同体模式建立有效平台以提升教师专业能力。

最后,教师专业发展需强化自己的专业伦理,包括教育教学工作中所应遵循的道德规范和行为准则,以及在此基础上所形成的道德品质。这些规范和准则涉及教师与学生的关系、教师与同事的关系、教师与学校的关系、教师与社会的关系等方面。为此,学校提高教师专业伦理则必然涉及为良好的人际互动搭建有效平台,如为师生互动、生生互动、教师同伴互动、学校校长与教师的互动以及家校互动、教师与社区的互动等提供平等且有利于交往互动的平台。教师与校长的互动在一定程度上不仅影响着教师专业伦理的发展,甚至决定着学校的发展方向。

三、个体对教师专业发展规划的响应

教师作为专业发展的主体和实施者,应该根据所在学校要求和自身发展需要,制定个性化的专业发展计划,并积极参与各种专业发展活动。具体来说,教师应该明确自己的职业定位和目标,认识到自己所从事的是一项充满挑战和变化的专业工作,需要不断地学习和创新,树立终身学习的理念,确定自己在职业生涯中的发展方向和期望达到的水平。

(一)明晰阶段目标,理顺个体专业发展规划的思路

第一,完成 SWTO 分析,做好自我剖析。深入了解自身的专业背景、教学经验、优势与不足,明确个人在专业发展上的需求和目标,根据自我分析的结果,设定短期和长期的专业发展目标,包括师德修养、理论素养、教学水平、科研能力等方面。

第二,通过学习与培训,提升自己的理论素养。通过阅读教育专业书籍、期刊,了解最新的教育理念和教学方法,不断更新教育观念;积极参加各类教育培训活动,如校本培训、区县级培训、省市级培训、国家级培训等,通过专家讲座、案例研讨等方式,提升自身的专业素养。

第三,开展教学反思,提高教学水平。对自己的教学过程进行反思,总结成功与不足,及时调整教学策略和方法,提高教学效果;主动与同事进行教学交流,分享教学经验和方法,互相学习和借鉴,促进教学水平的提升。

第四,积极参与课题研究,增强教科研能力。针对教育教学中的实际问题进行深入研究和探讨,提高教科研水平,撰写教育教学论文,将研究成果和经验进行总结和提炼,形成具有实践指导意义的理论成果。

第五,持续学习与实践发展。保持对新知识、新技能的学习热情,不断充实自己的知识储备和技能水平,积极参与教育教学实践,将理论知识应用于实际教学中,不断提高自己的实践能力和水平。此外,根据所在学校的发展目标和自身所处的不同发展阶段要求,提出成为一名具有良好专业素养、较强教学能力和科研能力教师的阶段性规划目标。

教师专业发展规划书的填写范例：

教师专业发展规划书

姓　名		性别		出生年月		职称	
学习简历							
工作经历							

个人剖析

（对自身做一个 SWOT 分析，可以从教育理念、教学水平、科研能力、学习能力、个性特长、发展潜力等方面客观分析）

教师专业发展目标

（从总体目标入手，可以分阶段或者年限确立阶段性目标）

3～5 年具体发展计划

类　别	发展目标	实施措施
育德领域		
教学领域		
教研领域		
科研领域		
职称评聘		
学历进修		

注：以上领域仅供参考，个人可以根据自身情况变更领域。

个人发展自我评价

1. 计划任务：

2. 完成情况：

3. 自我评价：

案例：自我规划，笃之于行

【人物名片】吕老师，女，初中科学高级教师，获教坛新秀、骨干教师、全国中小学实验教学能手等荣誉十余项。

"为师者，惟匠心以致远，当臻于至善。"吕老师的专业发展规划起始于教书育人的信念和责任。

一、自我剖析，明确个人优点劣势

从步入教育教学岗位起，吕老师上好每一堂课，站稳讲台，让学生有所得，从中形成自己的教学风格，以此明确自身的优劣。依据自己内向、细腻、沉稳的性格特点，寻找到适合自己的"逻辑型"教学风格，并在教学实践中不断成熟。平时重视学情分析，规范教学语言，预设教学生成，注意环节衔接。慢慢地做到在课堂上善于分析、启发诱导，语言表达有较强的逻辑性。但她也认识到这样的教学风格与性格特点，在教学中有时行为拘谨，缺乏创新。

二、持续学习，寻找突破劣势方向

对于如何弥补自身劣势，不断地学习是有效的途径。通过研读教育教学理论书籍、聆听专家科研讲座、观摩同行教学实践，为突破自我找寻方向。在摸爬滚打中，如行走于黑夜，迟迟找不到创新的途径。后来通过一次次的选拔，参加了市卓越工程、特级带徒活动、名师工作室等教师培养项目。在"研学"的征程中，明确了前进的方向——以项目化教学为载体，提升创新思维能力。

三、勇于实践，悉心弥补自我缺陷

"纸上得来终觉浅，绝知此事要躬行。"在进行实践过程中，课堂教学模式的改善可以从改进某一个实验、改变某一个学生活动等小环节或小细节入手。她尝试改进实验或学生活动，并运用到"项目化教学"的实际课堂教学中，以提高课堂教学的有效性。改进的实验与自制的教具曾两次获奖。同时，每学期都风雨无阻地在校内外开展研讨课、公开课，并多次在省市区各级活动中进行展示，在专家和同行的帮助下，对课堂教学不断进行修正。如"基于问题解决"的项目化教学课例"改变物体内能的两种途径"荣获浙江省一等奖，同时代表浙江在全国中小学实验教学说课活动中进行现场展示，获"教学能手"荣誉称号。

四、及时反思，激励自己始终前行

"吾日三省吾身。"时时进行教学反思，可以对教学实践进行判断、思考和分析，将已有的经验进行积累，同时又不断地发现困惑，想办法寻求对策，进行再次创新。她时常反思自己的教学，注重积累，并积极撰写成论文，激励自己前行。

（二）形成行动策略，搭建专业发展的结构框架

发展框架的核心是积极参与各种专业发展活动，根据自己的专业发展计划，有计划地参加学校组织或者自主选择的各种形式的专业发展活动，如培训、研讨、交流、观摩、合作、课题研究等,拓展自己的专业知识,提高自己的专业技能,丰富自己的专业经验。

教师要及时评估和反思自己的专业发展效果,通过自我评价或者他人评价,检查自己的专业发展活动是否达到了预期的效果和标准,分析自己的专业发展中取得了哪些进步和收获,遇到了哪些问题和困难,从中总结经验和教训,为下一阶段的专业发展做好准备。

案例:乡村教师的自我规划

【人物名片】王老师,女,初级中学科学一级教师,区"四有"教师、教坛新秀。

王老师化学专业师范毕业后任职初中科学教师至今。在前五年中担任班主任四年,其间摸爬滚打,获得了一些经验与成就;在工作的第六年,成功晋级为一级教师。

她说乡村学校面临的挑战是有目共睹的,学生家庭普遍不太重视教育,学生的综合素质与能力也比较靠后。她回想自己能在有限的时间里闯出名堂的"秘诀",仅仅是对待任何工作的认真态度。

一、认真对待每一次公开课

每个学期学校对于青年教师都有开设公开课的要求,看似一种压力,其实也是一种鞭策。在认真备课的过程中,也让自己重拾对待学科教学的初心。通过校级公开课,与学科师父以及学科组内同事进行了良好的交流,同时,与班级学生时时重温教学仪式感。

对就职三年内的青年教师有开设公开课的要求,区教研员有时会到公开课现场。对于乡村教师来说,这是不容错过的机会。王老师充分利用了五次这样的机会,其中有成功也有失败。认真对待每一次公开课,听听专家的建议,荣获好评可以让自己获得成就感,无形中也抓住了机遇;如果批评指正的地方多,更是重新审视自己的机会,多加反思,让自己不再重蹈覆辙。

二、认真对待职称评定与获取荣誉的机会

担任乡村学校班主任四年后,工作刚满五年,这一年有机会去评一级教师。评职称是让人又欣喜又害怕的。对于乡村教师,职称评定有一些倾斜优势,比如论文可以不做要求,但其他的要求都是板上钉钉的。在之前的学科业务上,各项比赛都认真对待,比如命题比赛、析题教学设计、解题比赛等。在获得评定资格后,坚持去学科师父和学科伙伴那儿说课"打卡",不断地磨炼,最终顺利通过了一级评定。

尤其是在某次基础教育精品课比赛中,确定了比赛项目后,凭借着一股不敷衍、不想错过的劲儿,在保证正常工作的前提下,挤出时间,翻阅资料,不断地备课、打磨,并经导师指导获得了精品课一等奖,之后推送至省里,获得省优精品课。

作为一名乡村教师，王老师认为乡村教师也能有广阔的天地，有计划地认真工作，是未来成功的关键。

第二节 参与教师专业发展项目

教师专业发展项目是指为促进教师专业成长而设计和实施的一系列有目标、有内容、有方法、有过程、有结果的系统性活动。学校应提供多层次、多形式的培训和学习机会，以满足不同教师的需求。这包括定期的教师培训班、专题研讨会、工作坊等，内容涵盖教学理论、教学方法、教育技术等，邀请教育领域的知名专家、学者来校开展讲座并进行交流，引入最新的教育理念和教学方法，帮助教师拓宽视野，了解教育前沿动态，同时利用网络平台提供丰富的在线课程，让教师能够根据自己的时间和需求进行自主学习。教师专业发展项目可以分为共通项目和特殊项目两大类。

一、教师专业发展的共通项目

共通项目是指适用于所有教师或者大多数教师的专业发展项目，主要涉及教师基本素养、基本技能、基本知识等方面的系统性活动。

（一）新教师入职培训

针对新进教师工作适应的问题，面向新任教师或者转岗教师，在其正式上岗前或者上岗初期，对其进行必要的职前培训或者岗前培训，尤其是非师范类专业或从其他系统转入的教师，需要系统学习教育学、心理学以及教学法等方面的内容，使其掌握基本的教育理论、教学方法、班级管理等方面的知识和技能，适应新的工作环境和角色要求。

（二）教学设计与评价培训

针对教师课堂教学设计与评价能力不足的问题，面向所有全体教师，在每学年或者每学期末，开展教学设计与评价培训与交流，通过优秀教师示范、教研组集体研讨等方法，使更多教师尤其是青年教师掌握科学的教学设计和评价理论、方法和技术，根据课程标准和学生特点，制定合理的教学目标、内容、过程和评价方案，提高教学效果和质量。

（三）教育法规政策培训

针对教师教育政策法规了解不够的情况，面向所有全体教职工，在每年开学前或者每学期初期,对其进行必要的法规政策培训,使其了解最新的教育法律法规、政策文件、规章制度等内容,遵守教育法律法规,执行教育政策。

(四)教育心理与安全培训

针对学校师生心理问题和校园安全问题,面向所有在职教师,在每学年或者每学期中期,对其进行必要的心理学和安全知识的培训,使其掌握基本的心理学原理、方法和技巧,了解校园安全方面的知识,了解学生的心理特点和管理要求,提升自己的心理素养、抗压能力,提高自我管理和心理调节能力。

案例一:系统化的岗前培训让新进教师更快融入学校
一、新进教师系统化的岗前培训

近年来,随着新进教师数量的不断增加,学校组织对新进教师进行系统培训,对新进教师专业发展进行重新定位,让每位教师找准适合自身发展的方向和成长类型。如某普通高级中学新进了一批刚从综合性大学毕业的教师,他们虽然具备一定的专业理论知识,但对学校教育了解不多。对这部分教师学校投入大量精力,制定系统的岗前培训计划,培训内容既包括获得教师资格必须具备的教育学、心理学、教育伦理和法规等通识知识,也包括学校的发展历程与愿景、学校的核心价值文化、学校精神、学生的特点及教育、班级学生管理方法等。通过培训,新进教师获得从事教育必备的知识并尽快适应学校工作,帮助新进教师快速适应和成长。

二、辅导员入职前的系统化培训

为让新进教师能够更快融入工作环境,上手专业工作,岗前培训显得尤为重要。如某地方综合型高校,随着教师队伍的扩大,学校十分重视教师能力的系统性培养。以辅导员团队为例,每批新入职辅导员都会在上岗前统一参加省高校新人辅导员岗前培训班,围绕辅导员九大工作职责开展系统化培训。岗前培训结束后,学校统一组织新辅导员入职宣誓仪式并赠送相关书籍,第一时间为新入职辅导员开展思政导师见面会,让每位新辅导员结对自己的导师,由思政导师引导辅导员尽早制定职业生涯规划,尽快找到职业化、专业化、专家化的成长路径。同时,通过定期开展思想政治工作例会、邀请校外思想政治教育专家做专题报告会等形式不断为辅导员团队带来最新理论研究内容,增强辅导员团队的思政育人理论功底。

案例二:"导师制"提升青年教师教学能力

为进一步促进青年教师的专业能力提升,鼓励经验丰富的教师积极参与青年教师培训指导工作,帮助新教师从有利于自身发展、有利于学校整体发展的角度来提升自身专业水平,某学校实施"师徒结对"的校内导师制,主要帮助新进教师提升教学能力,尽快适应教学工作。近几年,学校不断完善校内"导师制",指导对象由新进教师扩大到青年教师,并实施二级管理。各二级学院(系)对每位青年教师要指定教学科研工作经验丰富的教师为导师,开展"教授沙龙",在学校层面提供导师资源。通过公开报名、双向选择的方式确定导师,导师们不但指导青年教师做好教学,还帮助青年教师确定专业发展方向,指导科研和社会服务能力的提升。

二、教师专业发展的特殊项目

特殊项目是指针对不同类型或者不同阶段教师的特殊需求而设计和实施的专业发展项目,主要涉及教师个性化、特色化、创新化等方面,如针对从事三大类(即思想品德、语言文字、科学技术)教育的不同类型或者不同阶段的教师,根据其专业特点和需求,设计和实施相应的专业发展项目。

思想品德类:针对从事思想品德类(包括思想政治、历史、地理等)教育的教师,重点培养其思想政治素质、时事政治素养、社会责任感等,使其能够有效地传播社会主义核心价值观,引导学生树立正确的人生观、世界观、价值观。

语言文字类:针对从事语言文字类(包括语文、英语、其他外语)教育的教师,重点培养其语言文字知识、语言文字技能、语言文字教学法等,使其能够有效地提高学生的语言文字素养,培养学生的阅读兴趣和能力,拓宽学生的文化视野和交际能力。

科学技术类:针对从事科学技术类(即数学、物理、化学、生物、信息技术)教育的教师,重点培养其科学技术知识、科学技术技能、科学技术教学法等,使其能够有效地提高学生的科学技术素养,培养学生的探究精神和能力,激发学生的创新意识和能力。

同时,针对不同类型或者不同阶段的教师,根据其专业发展的具体主题或者问题,设计和实施以项目为载体的专业发展活动,使其能够通过参与项目的策划、实施、评价等过程,解决实际教学中遇到的困难和挑战,提升专业能力和水平。例如,双百培训项目是针对优秀青年教师,根据其专业特长和兴趣,设计和实施以百名优秀青年教师为主体,以百个优秀课题为内容的专业发展项目,教师通过参与课题的申报、研究等,获得专业知识和技能,提高创新能力。又如,企业合作培训是针对职业院校、应用型高校教师,根据其专业领域和需求,设计和实施与相关企业合作的专业发展项目,教师通过参与企业的实习、交流、合作等,了解企业的需求和动态,提高自己的专业素养和适应能力。

案例一:青年骨干教师培训

青年骨干教师是学校发展的中坚力量,其专业能力提升是师资队伍建设的一个重要内容。某地方高校先后制定并实施了多种形式的学习计划、培训方案等来提升青年骨干教师专业能力。每年组织实施一期青年骨干教师研修班,一年为一个研修周期,通过课程开发、课程设计、课程实施中实际问题的解决来提高青年教师的教育教学能力,充分发挥青年教师的内在潜力,引导青年教师寻找实现自我价值和共同理想的最佳结合点,使之尽快成为能够适应学校发展和教育教学需要的高素质教师。

案例二:面向专业带头人的项目化培养

某地方高校一直重视对专业带头人的培养,采用项目驱动的方式促进其专业能力提升,要求专业带头人把教学与科研结合起来,在实践中边教学、边科研,教学与科研相互促进,以此来提高理论水平。

三、教师专业发展的培训体系

各级政府和学校要提供多样化的培训资源和学习机会,包括线上线下的培训课程、工作坊、研讨会等,建立教师专业发展的培训体系,以满足不同类型、不同阶段教师的个性化需求和发展方向。

(一)完善教师培训体系

依靠政策制度分层次分阶段明确国家部委、地方政府、教师发展机构以及学校等主体职责,依托政府和外部资源合力推动教师专业发展体系建设,形成不同阶段相互融合与衔接的教师专业发展培养培训体系。如教育部、财政部定期发布相关通知和文件,明确国家级培训计划(简称"国培计划")的实施思路、支持方向和工作重点,提出中小学幼儿园教师、职业学校以及高等学校教师等的培养计划,强调分层分类精准培训,构建教师自主发展机制。地方政府根据国家政策要求,结合本地实际情况,制定具体的实施方案和细则,确保"国培计划"在地方层面的有效落实,构建省、市、县、校四级教师培训组织体系,推动教师培训教研一体化。

(二)提高教师培训质量

坚持从需求端出发,了解教师在发展中遇到的实际困难与亟待解决的问题;兼顾各类教师群体个性化需求,杜绝调研走形式过场子,对不同层次教师类型和群体因材施教,避免一些同质化培训造成教师受训过程中在某一领域"营养不良"和"营养过剩"的两极分化。在充分考虑教师群体差异性的基础上,实现培训内容精细化划分和个性化设置;在充分考虑教师区域性差异基础上,设置层次化、多元化项目。

如中小学教师国培计划包括以下几个方面:

(1)课程标准与教育教学理论:通过学习课程标准和教育教学理论,提高教师的专业素养和教学能力。

(2)教学技能与方法:包括教材分析、学情分析、教学设计、课堂管理和教学评价等,帮助教师掌握基本教学规律和教学技能。

(3)班级管理与育德体验:加强班级管理和学生德育工作的培训,提高教师的班级管理和育人能力。

(4)教育政策法规与师德修养:学习教育政策法规和师德规范,增强教师的法律意识和师德修养。

国培计划的实施取得了显著成效,对提升中小学教师特别是农村教师的整体素质和教学能力起到了重要作用,为中小学教师的专业成长和发展提供了有力支持。

第三节　做好教师专业发展评价

教师专业发展评价是对教师在专业发展过程中的表现和成果进行全面的、系统的、定期的评价。评价的目的是帮助教师识别自己的强项和弱项,提供改进建议,以促进教师的专业成长,提高教育教学水平。这不仅可以帮助教师了解自己的不足,明确改进方向,制定有针对性的个体发展规划,也有助于学校和教育部门了解教师的整体状况,为制定教师队伍建设和专业发展政策提供依据。如对于新手教师专业发展的评价,因为处于职业生涯的起始阶段,这一阶段是教师专业发展过程中最具可塑性,也是内在成长的关键期,需要适应新的工作环境和角色要求,掌握基本的教育理论和教学方法,建立良好的师生关系和同事关系,形成初步的专业认同感和职业满意度。因而新手教师专业成长应受到充分重视,通过开展有效性评价辅导新教师发展,以指导和支持为主,培养其自信心和自主性,促其快速成长,融入新环境。

一、教师专业发展的评价原则与策略

(一)教师专业发展的评价原则

1. 关注教师的发展性评价

为最终实现以评价促进教师专业发展的目的,首先必须改变以往对教师专业评价标准的认知,从传统的教师职称评聘、职务晋升、评奖评优等被动状态,转化为创造性评价。记录教师的成长轨迹,对评价结果予以反馈,通过学校、教研室协助教师与教师自身反思相结合的方式,挖掘教师闪光点,分析专业不足之处,形成闭环反馈机制,从而真正实现"对教师专业评价"与"为教师专业评价"有机融合。

2. 明确教师的关键性素养

从教师核心素养的关键即知识、能力、伦理三个维度对教师的专业发展提出要求,并为教师专业发展规划及其实现成效提供评价的方向,界定评价的方式与规则。

3. 参与教师的发展性项目

教师发展项目特别是各类培训作为提高教师专业素养的重要举措,其作用的发挥并不在培训结束后即完结,最终必须有效体现在教师的个人成长与发展上。当前培训普遍有训前和训后两个阶段的调查,主要形式是调查问卷,因此,培训要真正发挥作用,施训者或者学校相关人员有必要以培训前为观察起点,在培训中记录教师学习轨迹,培训后跟踪教师在实际教育教学中的表现或改进情况,检测学习效果,从而绘制教师通过此培训获得的完整的成长轨迹。

4. 重视教师的有效性评价

有效的质量评价必须兼顾信度与效度。但在传统的对教师专业发展的评价中,信度与效度是依托分类评价、排名及赋分来实现的。但教师的专业评价不能局限于结果性考察,还应包括个体在实现规划过程中获得的成长与发展,教师专业发展评价兼具过程性与结果性特征,不能以传统单一渠道方式获得教师发展信息,而应多渠道、采用三角验证的方式检验教师专业发展的评价结果,从而绘制更为准确的成长轨迹。评价最终是要通过反馈予以不断调整优化,让评价过程及结果真正成为促进教师自我激励、自我改进直至自我完善、自我发展的有效工具。

(二)教师专业发展的评价策略

1. 持续学习提高理论水平

通过阅读经典,学习新的教育理论和教学方法,如项目化、探究式学习等,以适应时代对教育的新要求。通过阅读专业书籍、期刊文章、参加在线课程等方式,不断更新和扩展自己的专业知识。也可以关注在线教育平台,选修与自己教学领域相关的课程,不断更新知识结构。

2. 参加培训提升专业能力

参加由教育部门、学校或其他机构组织的教师培训项目,如针对不同群体的新教师培训、骨干教师培训等,培训形式包括正规培训课程、教育研讨会、工作坊和讲座等。通过培训,学习新的教学方法,掌握最新的教学工具,利用平台资源,提升专业素养和教学能力。

3. 反思教学增加实践经验

定期回顾自己的教学录像或课堂笔记,分析教学过程中的优点和不足;邀请同事或导师进行课堂观察,提供反馈和建议;保持撰写教学日志的习惯,记录教学中的感悟、挑战及解决方案;选择一个教学领域的问题或挑战,进行深入研究,尝试找到创新的解决方案;参与或主导一个教学改革项目,将研究成果应用于实际教学中。

4. 寻求合作参与专业社群

与同事建立紧密的合作关系,共同备课、听课、评课,分享教学资源和经验,提高教学质量和效果。加入或创建专业发展社群,参与线上或线下的教师交流活动,拓宽专业视野;与来自不同地区、不同学校的教师交流互动,了解不同地区的教育特色和经验做法,为个人专业发展提供启示和借鉴;了解并学习其他学科的教学方法和内容,寻找跨学科的教学整合点,与其他学科的教师合作,共同设计跨学科的教学活动或项目。

5. 优化管理关注学生需求

明确自己的职业发展路径和目标,根据学生的反馈调整教学方法和内容,使其更加贴近学生的实际需求;经常与学生沟通,了解他们的学习需求、兴趣和挑战。学习先进的班级管理理念和方法,建立良好的班级秩序和氛围;针对不同学生的学习需求和特点,制定个性化的辅导计划,提高学生的学习成绩和综合素质。

案例一:某小学教师的专业发展策略分析

一、自我评估与现状分析

背景信息:张老师,一位有五年教学经验的小学语文教师,热爱教育事业,擅长文学阅读与写作教学,但在现代教学技术应用和班级管理能力方面有待提升。

自我反思:

(1)优势:文学素养高,教学热情饱满,深受学生喜爱。

(2)不足:现代教学技术应用不熟练,班级纪律管理能力需要加强。

学生反馈:

学生普遍反映张老师上课生动有趣,但在课堂互动和纪律维持方面希望有所改进。

同行评价:

同事们认为张老师的教学基本功扎实,但在运用多媒体教学工具和有效管理班级方面可以进一步提升。

二、设定发展目标

短期目标(一年内):

(1)熟练掌握至少两种现代教学技术工具(如电子白板、在线教学平台)。

(2)制定并实施一套有效的班级纪律管理制度。

中期目标(三至五年):

(1)成为学校语文教学骨干,参与并完成至少一项校级或区级教育科研课题。

(2)在区级以上教学比赛中获奖,提升个人知名度。

长期目标:

(1)成为语文学科带头人,引领学校语文教学改革与创新。

(2)发表多篇高质量的教学论文,成为教育领域的知名学者或专家。

三、制定发展策略与行动计划

专业知识与技能提升:

（1）参加培训：报名参加学校组织的现代教学技术培训，学习电子白板和在线教学平台的使用。

（2）自主学习：利用业余时间阅读关于班级管理和教学技术应用的书籍和文章，拓宽知识视野。

教学研究与改革：

（1）参与课题：积极申请参与学校或区级的语文教学科研课题，与同事合作开展研究。

（2）创新教学：尝试将项目式学习、探究式学习等新型教学方法融入语文课堂，提高学生的学习兴趣和参与度。

（3）个性化辅导：针对不同学生的学习需求和特点，制定个性化的辅导计划，特别关注后进生的转化工作。

师德师风建设：

（1）加强师德修养：以身作则，为人师表，树立良好的师德形象。

（2）建立良好师生关系：关注每一位学生的成长和心理健康，与学生建立平等、尊重、信任的师生关系。

四、实施与监控

（1）制定详细计划：将每个发展目标分解为具体的任务和步骤，制定详细的时间表和行动计划。

（2）执行与调整：按照计划认真执行各项任务，并根据实际情况适时调整计划。例如，在实施过程中发现某种教学技术工具效果不佳时，及时调整为其他更适合的工具。

（3）自我监控与评估：每月进行一次自我监控和评估，检查各项任务的完成情况和发展目标的实现进度。同时邀请同事或导师对自己的教学进行观察和评价，获取客观反馈。

五、总结与反思

（1）总结成果：每学期末总结自己的专业发展成果和经验教训，提炼出可复制和推广的经验做法。

（2）持续反思：保持开放的心态和反思的习惯，不断审视自己的教育教学实践和教育理念是否符合时代发展和学生需求的变化趋势，通过反思不断调整和完善自己的专业发展规划。

通过以上示例可以看出，一个完整的专业发展规划应该包括自我评估与现状分析、设定发展目标、制定发展策略与行动计划、实施与监控以及总结与反思等多个环节。这样可以帮助教师明确自己的职业发展方向和目标并制定具体可行的行动计划，从而不断提升自身专业素养和教育教学能力。

案例二：幼儿园教师专业发展策略分析

一、持续学习与自我提升

1. 阅读专业书籍与期刊

广泛阅读幼儿教育领域的专业书籍和学术论文，了解最新的教育理念、教学方法和研究成果。

精读《3～6岁儿童学习与发展指南》等权威指南，确保自己的教学实践与国家标准保持一致。

2. 参加培训与研讨会

（1）积极参加各类教师培训和研讨会，特别是与幼儿教育相关的专题培训，如教学技能培训、儿童心理学培训等。

（2）通过培训获取最新的教育政策和信息，与同行交流经验，拓宽视野。

3. 在线学习与资源利用

（1）利用网络平台进行在线学习，如观看教育专家的视频讲座、参与在线课程等。

（2）加入幼儿教育专业社群，与同行分享经验、资源和策略。

二、教学反思与实践改进

1. 定期进行教学反思

（1）在每次教学活动后进行反思，总结成功经验和不足之处，思考如何改进。

（2）撰写教学反思日记或报告，记录自己的教学思考和感悟。

2. 观摩与互评

（1）观摩其他教师的课堂教学，学习他们的优点和长处。

（2）与同事进行互评，接受他人的反馈和建议，不断改进自己的教学。

3. 参与教学研究

（1）参与或主导幼儿园的教学研究项目，通过实践研究提升自己的专业素养。

（2）将研究成果应用于教学实践，不断验证和优化教学方法。

三、关注幼儿需求与个体差异

1. 深入了解幼儿

（1）关注每个幼儿的兴趣、能力和需求，了解他们的家庭背景和生活习惯。

（2）与幼儿建立良好的师生关系，关注他们的情感需求和心理健康。

2. 因材施教

（1）根据幼儿的个体差异设计个性化的教学计划和方法，满足不同幼儿的学习需求。

（2）在教学过程中注重激发幼儿的学习兴趣和主动性，培养他们的自主学习能力。

四、加强师德修养与职业认同

1. 提升师德修养

（1）热爱幼儿教育事业，关心爱护每一个幼儿，以高尚的职业道德和良好的师风师德影响幼儿。

（2）严格遵守教师职业道德规范，做到以身作则、言传身教。

2. 增强职业认同

（1）明确自己的职业定位和发展目标，树立终身学习的理念。

（2）积极参与幼儿园的各项活动和工作任务，发挥自己的专业优势和作用。

五、家园共育与社区合作

1. 加强家园联系

（1）与家长建立良好的沟通渠道和合作关系，定期向家长反馈幼儿在园情况。

（2）邀请家长参与幼儿园的教育活动和教学评价工作，共同促进幼儿的发展。

2. 参与社区活动

（1）积极参与社区的教育活动和志愿服务工作，扩大自己的社会影响力和知名度。

（2）与社区其他教育机构和资源建立合作关系，共同为幼儿提供更优质的教育服务。

综上所述，幼儿园教师做好专业发展需要从多个方面入手，包括持续学习、教学反思、关注幼儿需求、加强师德修养、家园共育与社区合作等。通过不断努力和实践，教师可以不断提升自己的专业素养和教育教学能力，为幼儿的全面发展贡献自己的力量。

二、教师专业发展的评价实施与验收

（一）教师专业发展的评价实施

教师专业发展的评价主体应该包括主管部门负责人、同行、学生等，构成多维度、多角度、多层次的评价网络。其中，主管部门负责人应该从宏观层面对新手教师进行考核和评估，关注其是否符合学校发展目标和要求，是否遵守学校规章制度和职业道德，是否完成工作任务等；同行应该从同事层面与教师进行交流和互动，关注其是否具备相应的专业知识和技能，是否能够与其他教师合作共进，是否能够参与各种专业发展活动等；学生应该从受众层面对教师进行评价和建议，关注其是否能够激发学生的兴趣和动力，是否能够关心学生的个性和需求，是否能够尊重学生的意见和感受等。此外，教师对自我的评价也很重要，需要对自己的教师生涯有较为客观的前景判断。

教师专业发展的评价指标应该包括师德师风、教育教学、学生工作、专业发展等方面。其中,师德师风是教师专业发展的第一标准,主要评价教师是否具备良好的思想政治素质、道德情操、职业责任感等;教育教学是教师专业发展的核心内容,主要评价教师是否能够有效地设计和实施教学活动,是否能够有效地进行教学评价和反思,是否能够有效地提高教学效果和质量等;学生工作是教师专业发展的重要组成部分,主要评价教师是否能够关注和满足学生的身心发展,是否能够开展丰富多彩的学生活动,是否能够建立和维护良好的师生关系等;专业成长是教师专业发展的动力和目标,主要评价教师是否有明确的职业目标和规划,是否有持续的学习和创新意识,是否有积极的参与和合作态度等。

教师专业发展的评价目的应该以促进其快速成长和融入新环境为主,注重激励其自信心和自主性,提高其专业素养和教学效能。具体来说,教师专业发展的评价应该既有形成性评价,又有终结性评价。形成性评价是指在教师专业发展过程中进行的持续性、过程性、反馈性的评价,主要用于了解教师的专业发展现状和需求,为其提供及时的指导和建议,鼓励其不断改进和提高;终结性评价是指在教师专业发展阶段结束时进行的总结性、结果性、认证性的评价,主要用于检验教师的专业发展效果和水平,为其提供相应的奖励或者进行惩罚,确定其是否符合岗位要求或者晋升条件。

当前大部分教师来自高校毕业生,最大的特点是有理论缺实践,教学方法和学生管理方面都需要慢慢领悟。

上海 X 中学以美育为轴,以建设一支师德高尚、学养深厚、结构合理的美育特色教师队伍为目标,制定"双纵线空间螺旋评价"方案,构建教师职业生涯终生发展评价体系;推进教师教育教学综合实绩评价工作,以七大中心模块及评价任务群为抓手,带动全网状结构评价体系协调发展,挖掘教师专业特长与潜能;建立教师评价支持与保障机制,进行教师评价结果反馈与指导;力求形成师生互促、美美与共的校园文化氛围。

上海 S 中学对教师专业发展的评价有三个特点:一是尊重教师个体差异,从共性评价、个性评价、特色评价三个维度分层设置评价指标,同时将量化评价与质性评价相结合。二是建立多元评价主体,平衡多个评价主体的参与和权重,同时提升评价者专业性,促进教师自我反思与行为改进。三是加强评价结果反馈的及时性与持续性,增加评价主体和被评价者的双向互动,同时赋予教师充分话语权,使教师得到及时的鼓励与鞭策,从而实现以评促改、以评促进。

(二)教师专业发展的评价验收

教师进入职业生涯初期,应该制定自身专业发展规划,但更重要的是在发展过程中监测目标完成情况,关注规划是否需要调整。学校要根据教师类型及学校层次的差异,帮助教师制定好规划并承担起中期监测、后期验收等指导监督职责。教师专业发展规划的验收应有明确且可执行的标准、清晰的考核导向,验收表(表 7-1)应涵盖教师基本信息和发展内涵(包括预期目标与完成情况)。发展内涵应结合教师类型和工作内容,从教学、科研、专业能力提升、职称等方面展开,做好现状与计划执行情况自我评价,并综合考虑专家的建议。

表 7-1　某高校教师专业发展的阶段性验收表

基本情况	姓名		出生年月		所在部门		岗位	
	专业		专业方向		职称及获取时间		学历学位	
发展内涵	预期目标			完成情况(请具体列举成果)				
育德领域								
教学领域								
教研领域								
科研领域								
职称提升								
学历进修								
发展计划执行情况自我评价								
专家建议:(下阶段改进建议和努力方向)								

在验收的基础上做好风险预测评估,及时反馈评估意见,教师个人进行规划调整。可基于 PDCA(plan,do,check and act)循环法形成良性的专业发展规划推进系统。从规划的制定开始(plan),按照规划内容开展工作实践(do),在验收的基础上由责任部门和相关专家对规划进行评估,提出建议,并由教师个人有针对性调整(check),最后基于调整后的专业发展规划的基础上,再次投入个人发展实践(act),以此实现螺旋上升。

教师专业发展规划要真正实现和落地,最重要的还是激发教师的职业认同感和成就感。一些优秀的教师往往很早就下定决心从事教育教学工作并且一直坚持信念。

　　　　某校陈老师说:"我对进入学校工作有种情结,我的家人也很支持,毕业后虽然先到企业任职,但最后还是想到学校担任教师。"

　　　　某校李老师在担任学校的管理岗位以后,想方设法把教师服务好、把学校办好,他说:"办学是一种情怀。为了老师、为了学生用心去做事,肯定会得到大家认可,再辛苦也值得。"

不论是中小学还是高校,几乎所有的教师受访者都认为学校各类事务繁杂,"忙"是教师职业常态。在繁忙之中教师处理方式不同,有些教师在忙碌的时候仍旧能坚持自我学习与进步,这些老师会觉得很有成就感,形成工作忙、教学有成效的良性循环。但更多的教师希望给他们减负,尤其是减掉一些与教育教学关系不大的"杂事"。

教师专业发展从制定规划到落实规划再到反思改进、监测调整,是螺旋推进的过程。同时,我们要构建科学、公正、全面的教师评价体系,从多个维度全面审视教师的教学实践和专业素养,包括学生评价、同行评价、自我评价等多个方面,确保评价结果的客观性和公正性;对在教师专业发展中取得突出成绩的教师进行表彰和奖励,如设立教学优秀奖、科研成果奖等;提供必要的经费支持和资源保障,激发教师的专业成长动力。

三、教师专业发展的评价反思与反馈

(一)开展个体的评价反思

教师专业发展是连续的也是分阶段的,需要自我不断地在每一个发展过程中进行自主反思。学校可以定期组织教学反思活动,如教学案例分析、教学日志撰写等,鼓励教师对自己的教学实践进行深入反思和总结,发现存在的问题和不足,并寻找改进的方法和策略。引导教师积极参与教学研究和论文写作,通过撰写教学论文和参与课题研究,提升自己的学术水平和研究能力,学校可以提供必要的指导和支持,如设立研究基金、组织论文写作培训等。

引起反思的内容往往来自外部的评价和内部自我的审视与比较。教师专业发展的外部评价是指对教师在职业生涯中的专业知识、技能、态度和价值观等方面的成长和提升进行系统的观察、分析、判断和反馈的过程,旨在促进教师的自我认识、自我监督、自我提高和自我完善,提升教师的专业素养和教学效能。教师专业发展的评价应该根据教师的不同阶段和不同类型,采用不同的评价主体、评价指标和评价目的,形成多元化、差异化、发展性的评价模式。

教师内部自我的审视与比较,是指教师在自我评价的基础上,对自身的教育教学理念、专业知识与技能、教学实践经验以及个性特征等方面的深入思考和比较。通过这种方式,教师可以更好地认识自己,发现自身的优势和不足,进而制定出更为有效的专业发展计划,提升教育教学水平。具体来说,教师内部自我的审视与比较可以从以下几个方面展开:其一,教育教学理念的审视与比较。教师需要审视自己的教育教学理念,教学理念是否符合现代教育理念和价值观,是否能够有效地促进学生的全面发展。同时,也需要比较自己的理念与其他优秀教师的理念有何异同,从而取长补短,不断完善自己的教育理念。其二,专业知识与技能的审视与比较。教师需要审视自己的专业知识与技能,审视自己对专业知识和技能的掌握程度,以及教学方法和技巧的运用能力等。同时,也需要关注最新的教育研究成果和学科进展,不断提高自己的专业素养。其三,教学实践经验的审视与比较。教师需要审视自己的教学实践经验,分析成功的教学案例和失败的教训,比较自己的教学方法和手段的有效性。同时,也需要借鉴其他教师的教学实践经验,从中汲取灵感和智慧,提升自己的教学水平。其四,教师自我个性特征的审视与比较。教师需要审视自己的个性特征,分析自己的性格、情感、动机等方面特点,比较自己与优秀教师的个性特征有何异同。同时,也需要了解自己的优势和不足,从而更好地发挥自己的长处,改进自己的不足之处。因此,教师专业发展的反思不同于日常教育教学工作的反思,它是对自身长期发展的可能性和改进性进行系统的认识,既可以体现教师的专业性,又可以很好地促进教师成长。

当下大部分教师具备反思意识且认同反思的重要性,在实践过程中教学反思已经成为自我要求和学校的要求,但这些反思都往往随意偶发,学校对反思的行为和成效也很难界定测评。一些教师的反思日志局限于过程"录入",这种情况普遍存在于各级各类教师群体中。除了教师形成反思自觉,学校要激发教师的反思动力,加强反思指导,促进同行互动,建立反思档案,最终形成反思成效。

(二)建立有效的反馈机制

阶段性反馈可以帮助教师及时了解自己的发展及存在的问题,从而根据实际情况调整和优化个人发展规划。通过反馈,教师可以明确自己在哪些方面已经取得了进步,在哪些方面还需要加强,进而更有针对性地制定下一步的发展目标。及时的反馈可以让教师感受到自己的努力和付出得到了认可和关注,从而激发他们的工作积极性和职业热情。当教师看到自己的进步和成长时,他们会更加有动力去追求更高的目标,实现自我价值的提升。教师发展规划的阶段性反馈不仅关注教师的个人成长,还与教学质量和效果紧密相关。阶段性反馈不仅是对教师个人的评估,也是学校整体发展规划的一部分。学校可以通过教师的反馈了解教师队伍的整体状况,发现存在的问题和不足,进而制定更加有针对性的培训和发展计划,促进学校和教师的共同发展。阶段性反馈可以促使教师更加关注自己的职业规划和发展路径。通过不断反思和调整,教师可以更加清晰地认识到自己的职业目标和发展方向,从而更加有目的地规划自己的职业生涯。

要有效实施反馈,可以实地观察教师的教学过程,记录教师的教学行为和学生的反应;可以组织同行教师进行相互听课和评估,提供专业性的反馈意见,鼓励教师自我评估;还可以借助现代科技手段如在线评估等,建立一个有效运作的教师专业发展规划评价反馈机制,促进教师的专业成长和教学质量提升。

案例一:自我如何开展教学反思(自述)

【人物名片】科学二级教师夏老师,2018年物理师范专业毕业后进入某中学工作至今。在工作第三年时考核为初中科学潜力教师,第四年获得市优质课一等奖,第五年进入区、市名师工作室并在三江名师等平台展示公开课。

在工作后,让我印象深刻的是两节公开课。一是"初探无线充电",二是"运动和力的复习"。结合这两节课我对教师提升教学方法有了几点感悟。

一、结合新课标,明确教学目的

在进行课堂教学中,要紧扣新课标要求,建立指向培养科学核心素养的教学目的。在"运动和力的复习"中,通过认真研读课标,制定了指向四维目标的核心素养。

二、利用项目化,提升核心素养

如在"初探无线充电"的课程当中,就基于"电磁的相互作用"这一核心内容,学生通过设计、分享、评价、质疑不断迭代,最后动手成功完成项目。在此过程中学生锻炼了多项科学思维,提升了核心素养。

三、巧设问题链,培养科学精神

如在"运动和力的复习"中,我以降落伞打开的时间作为一个讨论点,要求学生提出对合理开伞时间的见解,学生通过科学计算、推理得出开伞的合理时间,这就是科学精神中的严谨求实的精神。

在个人发展过程中,一定会遇到一些困难和困惑。在面对困难时,我最深刻的感受是"书到用时方恨少",通过深入思考、反思教学、查阅文献、咨询专家等各种方式,一定会在专业发展的道路上留下专属于自己的痕迹,最终形成自己的教学体系和风格。

案例二:从高校毕业的新手教师向熟练教师的转变(自述)

【人物名片】某初中科学青年教师陈老师。

今年是我工作的第六年。和许多年轻教师一样,一入职,我就承担了两个班的教学任务,外加班主任工作。那时的我,白天疲于应对各种班级琐事,晚上备课到十一二点,付出了大量的时间精力,但成效只能勉强追平前辈。我感到迷茫,觉得自己什么都不懂。好在办公室的老师都很热心,我向他们请教时,都很乐于支招。我也常常会在事后复盘:为什么这么做?效果好不好?有没有更好的做法?在前辈们的提点和自己的不懈努力下,我渐渐地适应了日常教学工作,成长为一个能够独当一面的青年教师。

一、早期的困惑

1. 教学深浅难把握

我是生物专业出身,大四在高中实习,对初中科学教材并不熟悉,对初中生的知识基础、思维水平也是完全不了解。这给我的教学带来了很大难度。尤其是备课时,不知道该从什么深度开始切入,也摸不准要把知识点讲到什么深度。讲得太浅,浪费时间;讲得太深,不但学生听不懂,还可能打击他们学习的信心。

2. 课堂管理缺智慧

刚工作的我看起来非常青涩,为了能压住学生,作为班主任的我天天一脸严肃,不苟言笑。虽然学生不敢在我的课上捣乱,但课堂氛围太沉闷了,学生回答问题不积极,课后也不敢来找我问问题。在另一个教学班,我没那么严肃,课堂气氛虽然活跃了,但后排就出现了聊天、开小差等问题。

二、适应与转变

1. 找准深浅的指向标

教学要教到什么深度?在经历过初三教学后,我发现,这个答案不在教材里,也不在作业本里,而在中考卷里。带学生"刷"完五年中考真题,教学重难点就非常清晰了。那时的我就想:如果我能早点分析中考卷,就会少走很多弯路吧?但是在经历了第二轮的初三教学后,我又有了新的体悟:课程在改革,中考也在变革,真正的指向标是课程标准。只有吃透了课程标准,明确了素养导向,才能准确把握教学深度。

2. 摸清管理的松紧度

我第一届带的两个班,课堂管理一个太紧,一个太松,结果都不如意。在带第二届的过程中,我渐渐明白:课堂管理应该要张弛有度。刚开学要紧,立好规矩。后期要适当放松,搞好师生关系。但课堂管理松紧度的把握是门学问,什么时候该由松收紧?如何有效放松和收紧?这都需要经验的积累,要持续摸索。

作为一名新手教师,我深知自己还有很多的东西要学。成长之路道阻且长,但我一路走来,脚踏实地。我相信,只要我找对方向,坚持不懈地努力,终有一日会成为一名更加出色的教育工作者。

案例三:新工科专业教师分类评价标准体系

教师分类考核试点工作是根据所在岗位、工作特点及教师个性特长、职业生涯发展目标,对教师进行岗位分类,建立教师分类考核体系,激发教师工作潜能,激发教师工作积极性和创造性,发挥考核工作在学校师资队伍建设中的导向作用,探索建立学校教师系列专业技术职务分类评审体系,为不同类型教师专业发展提供对应的通道。具体的改革措施为从工作内容和专业技术等级两个维度进行教师岗位分类分层,体现以人为本,确保分类的科学性,明确不同教师的类别归属,促进教师专业能力发展。

　　某地方高校根据调研结果,结合学校试点改革、教师队伍重组后的教学效果,制定专业教师分类评价标准体系,包括教师分类规定建议、通用素质评价标准体系和专业能力分类评价标准体系等内容。该评价体系针对教学科研型、科研型、教学型、应用技术开发型等不同类型,确定了职业道德、基本素养、教育教学能力、科研能力、服务能力与公共事务贡献能力等评价内容,并给出赋分权重和赋分标准建议。该标准意在通过分类赋分、通专结合的评价,为不同特长的教师提供发展的通道,可供新兴特色专业建设中的教师评价借鉴使用。不同类别教师的工作都含教学、科研和服务三大主题,但考核要求不同,例如对不同类型教师所提的科研要求不尽相同:科研型教师需按年度与学院科研处签订科研工作协议,并按协议条款进行年度科研工作量考核;教学科研型教师的科研要求为主持一项市级以上的项目,科研工作量为教学型教师的两倍。

案例四:健全"双师"政策,完善激励机制

　　为搭建"双师"教师队伍建设政策平台,某学院重视制度建设,通过制定完备的规章制度、工作流程,有效推进工作,学校人事处牵头开展研讨并征求意见,出台了《教师企业实践管理办法》,修订了《教职工进修培训管理办法》《兼职教师管理办法》《建设"双师"教师队伍的意见》《关于加强"双师结构"教学团队建设的意见》等文件,不断加大对"双师"教师的激励,引导教师带课题带任务脱产下企业、寒暑假下企业及利用业余时间下企业,加强企业实践的二级管理和考核,加大资助力度和奖励额度,确保企业实践出成果。脱产企业实践教师工作可视同在校工作,享受所有学校待遇。企业实践考核优秀的,学校给予专项奖励。"双师"素质也是专业带头人、校级名师培养等的必备条件,学校为优秀教师设立工作室,改善工作环境。对于为行业企业提供技术服务的教师,可以采用项目认定的方式,认定其相应的企业实践经历,大大激发教师开展社会服务的积极性。

思考题

1. 教师如何实现自主学习?教师自主学习的特征是什么?

2. 假如你是某所中学的校长,请为你所在学校教师专业发展制定一份 5～8 年的发展规划。

3. 教师自我如何开展教学反思?

推荐阅读

1. 贝利等著《追求专业化发展：以自己为资源》，北京师范大学出版社，2007。
2. 马化腾等著《互联网＋国家战略行动路线图》，中信出版社，2015。

第六章　教师专业发展的实践案例

第一节　基础教育教师专业发展实践案例

一、教师个体案例

案例一：坚守教育前线 23 年的研究型教育者

【人物名片】兰琴岳，浙江省特级教师，正高级教师，浙派名师培养对象，省名师网络工作室学科带头人，省师德先进个人，丽水市教学名师。现在云和中学担任语文教师。

一、不忘教育初心

在教学生涯中行稳致远，在教研领域中精益求精，皆离不开教育初心和理念。教育是点燃火炬，是播撒希望，是唤醒灵魂。兰琴岳老师不拘泥于传统的教学方式，努力探索高效的语文课堂构建，倡导创新教学风格，她的课堂教学生动有趣，深受学生喜欢。她在实践中成长，积极承担科研课题，用心建设精品课程。参与省市课题研究 8 项（其中省级获奖 2 项，市级获奖 4 项，另有 2 项课题正立项研究），撰写论文 10 余篇（发表于全国核心期刊或获得省市奖），撰写著述 2 部，编写教材 2 部。她耐心帮助身边人，指导学生提升语文学科素养，助推青年教师快速成长。她指导学生参加全国、省、市各级作文竞赛，多次获得优秀指导教师奖。2019 年辅导学生郭心雅参加第二十二届全国新概念作文大赛获得决赛二等奖；2017 年辅导学生王柳梦宇参加第十五届"叶圣陶杯"全国中学生新作文大赛获得决赛二等奖；2017 年指导学生参加第十二届全国创新作文大赛，8 名学生晋级浙江赛区决赛。

兰琴岳老师的教育初心是用心打造一堂课，是勇挑大梁承担科研课题，是引领师生共同进步成长。

二、自我锤炼为研究型教师

兰琴岳老师说："一个教师，想要有提升，那一定得成为研究型教师。"1999 年兰琴岳老师便来到了云和中学。奋战在教育一线，工作辛苦自不必说，但是她从来没有为此而停下研究的步伐，更没有放弃提升自我的机会。

二十多年间，主持（参与）省市课题研究8项，其中省级获奖2项，省结题1项，市级获奖5项，同时撰写十多篇论文在全国核心期刊发表或获得省市奖。从《问好"课眼"模式下的"第一问"》探讨阅读教学"问题链"第一问，到《多重对话　理性评价——〈想北平〉教学实录》重现1936年老舍的生活，兰老师不仅在教学理论上潜心研究，同时也在探索课堂实践。

兰琴岳老师在课题研究方面总结了几个要点：

第一，要撰写课题方案，也就是明确课题要做什么。

第二，时刻坚持问题导向，从身边问题入手，并通过查阅资料了解先前是否有过类似研究。兰老师以一个幼儿教育的课题为例，介绍了该课题是如何抓住云和构建木玩文化产业发展新格局这一现状，聚焦幼儿教育，将云和木玩融入幼儿教育中，从而带来积极影响的，以此来阐释契合当下需求的课题才是实用的课题。

第三，课题研究要高度贴合工作。兰老师提到，自己现阶段正在参与一个以"县中崛起　优秀师资"为主题的针对青年教师的研究课题。青年教师培养是兰老师一直以来坚持的本职工作，参与这项课题，她可以得到相关研究数据和材料，从而更好地完成自己的本职工作，为青年教师培养助力。"以课题带动工作"的方式既提高了课题研究效率，也大大提高了教育教学工作效率。

兰老师始终强调教师的专业度，而专业度的提升程度最终都要回归到研究。

三、细节处汇聚教师的专业力量

"上好一堂课"始终是兰老师教学中的首位指标。上好一堂课，将知识切实地传授给学生的背后则是老师日日夜夜对课件的反复琢磨和思考。如何引入课题、如何循序渐进地深入主旨、如何激发学生的学习激情等，都是一位好老师必须考虑的问题，而这所有思考的背后都是以教师个人的专业能力为基石的。兰老师立足课堂的背后是对自己专业的坚持和不断提升：在全国核心期刊发表论文，多项课题获省市奖项；撰写著述2部，编写教材2部；2015年紧急受命，作为浙江省代表参加全国第四届"教学艺术杯"课堂教学比赛，通过不断琢磨、锤炼，仅用20余天时间，最终拿下全国一等奖。

兰老师认为专业很重要，而所有的专业只要用心去做，行行都可以出状元。而对于师范生而言，汇聚教师的专业力量是核心竞争力。专业能力的提升不是一蹴而就的，而是通过不断锤炼，不断地平衡工作与生活，在日复一日中成就的。兰老师先后担任校课改办、教务处、校办、教师发展处正副职职务，同时兼任党支部书记多年，2015年获云和县"事业家庭兼顾型"先进个人称号。

案例二：照亮教师成长之路的教师教育者

【人物名片】顾育芬，浙江省特级教师，丽水市数学名家，中共党员、中学一级教师，现任梅山中学数学教研组组长及莲都区教育局教研室初中数学教研员。从事初中数学教育工作14年,曾被评为浙江省重视教科研个人、浙江省优秀教研员、丽水市连续三届数学名师、丽水市优秀教育工作者等。

一、点燃农村娃梦想之路

"为学生的成长成才而教。"在谈到初心时,顾育芬老师认为就培养学生的成长和成才而言,两者都很重要,但相比之下成长则更重要。因为教书育人,育人为先,教会学生如何做人是首位。作为一名教育者,她的教师理念就是"做踏踏实实的教育,教实实在在的数学"。顾老师认为,做教育,就应该脚踏实地,踏踏实实把每一件事情做好。因此,她在自己的教书和教研生涯中也踏踏实实地做好每一件事情。顾老师不断克服教学道路上的困难和挫折,在一次次比赛中不断提升和磨炼自己。担任教研员12年来,承担讲座85次,论文获奖16篇,课题获奖18项,技术科研获奖15次,主持的"玩转数学学具"获评浙江省精品课程,课程的教材在浙江教育出版社出版。在成为教研员的日子里,顾老师不忘培养青年教师、提高教师课堂质量的初心。一方面,她以教师需求为中心开展针对性培训;另一方面,她在2011年组建了青年教师教研室,培养青年教师,并且将团队反复打磨而成的材料和卷子共享作为全区域的素材,使教育的"后备粮草"充足。此外,顾老师积极举行送教下乡的活动,希望让更多的农村教师接触教研员,接触更好的平台和机会,从而开展更好的教学活动,推动教育均衡化发展。

二、率先垂范,躬身践行

育人之路任重道远,教育所塑之人应是肩负国家大任的社会主义接班人。多年来,顾老师秉持初心,潜心教学,坚持以淳朴之心教书育人,帮助学生成长成才。她脚踏实地、身体力行,自丽水师专毕业后便全身心投入教育事业。顾老师认为,要成为一名好教师,需要具有五种"爱":

第一是爱工作。顾老师说,干一行爱一行,在工作过程中要有强大的信念支撑,这样才有动力坚持下去。无论是在农村还是在城市教书,尤其是到了教师这个岗位,顾老师始终爱教育、爱工作,在坚守与爱中克服困难和挫折,不断解决问题,并将其转化和积累为自己的财富经验。

第二是爱学生和教师。作为数学教研员的顾老师表示,她在教书时爱自己的学生,教研时爱自己的老师。不管是站在教师对待学生的角度还是在教研员对老师的态度上,她都做到了换位思考和设身处地。"严宽相济,爱之有度。"顾老师关心教师,将服务学校与教师放在首位,凡是学校有需要、教师有需求,她总是竭尽所能给予帮助。

第三是爱自己。多年如一日坚守在教育岗位的前提是拥有一个强健的身躯,为了能更好地投身教育事业,顾老师坚持锻炼,增强体质,在课外之余丰富自己的生活。"一个人要对自己充满爱,才能由内而外地对身边人、对工作散发爱。"

第四是爱学习。顾老师表示,在农村教书时是没有任何指导的,只能靠自己不断学习,不断地摸着石子过河。成为教研员以后,顾老师做的第一件事情就是给年轻人一些助力。她组建青年教师学习团队，开展教材解读等指导工作。从 2011 年到 2023 年，从最初承担青年教师团队建设工作，到后来培养团队中的青年教师，顾老师已经领导了青年教师团队十二年，培养了许多优秀的年轻老师。她以无私的爱感染着青年教师，鞭策他们不断向前。顾老师还注重与其他教师互相研讨，在这个过程中互促、互助、共同成长。顾老师认为，最重要的是不断积累，通过反思形成共鸣和反射，从而积累一些经验，推动个人的教育教学工作和个人成长。

第五是爱思考。学会思考是一项非常重要的技能。顾老师通过学习—思考—实践这一整个过程不断提升自我。从教 14 年来，顾老师积累了丰富的课堂教学、课外教育经验，形成了具有个人特色的教学风格，在教学领域取得了不俗的成绩，两次被评为"全国数学竞赛丽水市优秀指导师"。除了抓好教学工作，她还致力于教育科学研究工作。在顾老师的悉心指导与带动之下，团队成员表现优异：1 人获国家级优质课奖项，2 人获浙江省优质课奖项等。顾老师带领下的莲都区初中数学人才辈出，莲都区的初中数学教学在近年来更上一层楼。

顾老师捧着一颗清澈的心，用信念之火照亮了学生的未来。顾老师的教诲既宽厚亦严格，她用自己的一言一行，将自己丰富的学识和崇高的信仰展示出来，潜移默化地感染着学生和教师。

三、笃行不怠，引领前行

教研员所做的一切工作都与教师的成长息息相关。跟老师的接触，通常以教研活动为依托。目前的教研活动，包括区域内的大的教研活动，比如集体备课、教学研讨，或者参加省、区、市的各项评比活动，也包括青年团队的活动、学科基地活动以及扶贫结队、院校共建等。正因为这些活动都是在教研的范畴之内，所以教研对于教师的发展具有举足轻重的作用。顾老师在积累了 12 年的教学经验后成为一名教研员，并提炼出教师成长过程中自身必须具备的能力以及必须达成的目标。优秀教师的成长之路上，教研员的助力是不可或缺的。从教研的整体来看，顾老师主要做的事情有三件：一是教学，二是研究，三是服务。作为教研系统的教研员，顾老师服务对象也有三个：一是服务教学，二是服务学校，三是服务教师。教研助力这三个方面的服务发展，也就助力了教师的成长。在教育教学研究过程中，对于学校的需求，教研员给予充足助力；对于教师的需求，教研员也给予充足指导。教研员既服务教学，也服务学校，更服务教师，教研工作在教师的发展中起着不可替代的作用。

案例三：十年磨一剑，终成教学名师的教育者

【人物名片】朱红，浙江省特级教师，从教 30 年，自师范院校毕业后从事物理教学工作。先在普通初级中学任教，成为宁波市骨干教师后应聘成为海曙区初中科学教研员，成立"朱红名师工作室"，为本地区教师培养和教师团队建设做出了巨大贡献。教育格言："做人有情怀，贵在真诚；做事有智慧，赢在系统。"

一、教师成长从稳定个体心性开始

朱老师认为，年轻老师刚工作时并不一定特别努力，大多数人一开始随遇而安，

逐步才有了专业规划和发展的动力与意愿。班主任工作，课堂教学比赛、专业知识竞赛等类型丰富的活动，都对教师的职业生涯有帮助。在参加这些工作和活动时，朱老师抱着"参与了就要做好"的心态，反而"无心插柳柳成荫"，取得了不错的成绩。

职业生涯之初，朱老师曾参与一次业务竞赛。当时凡是45周岁以下的教师都要参加全省教师业务竞赛，不承想，朱老师在这些年轻人中得了三等奖。这件事对朱老师有所触动，她一方面觉得自己落后，另一方面觉得自己还有潜力做得更好。朱老师认为，年轻教师需要一些雄心壮志，对于一些教师的评奖，如指导奖、园丁奖，如果一次没评上，不要灰心，要继续努力；告诉自己总能做好，给自己动力和勇气。

二、持续努力，多学习才能进步

作为一名教师，所上课程受到肯定是对自己最大的鼓励。朱老师也一样，认真上课、潜心磨课，首先把课上好。课上好了就开始认真写论文，写作之初获得了区级的奖励，对朱老师而言也是莫大的鼓励。在网络不发达的年代，朱老师主要通过专业书籍学习论文写作的方法。朱老师犹记得在参加一次全国性的比赛时看到一本书，如获至宝，在认真学习、钻研书本内容并结合教学实际之后，顺利获得省一等奖。

朱老师始终坚信，教师要善于动脑筋，善于学习，要将别人好的教育教学方法移植到自己的课堂中。朱老师的一次公开课让人印象深刻，到现在许多年过去了，有老师碰到朱老师，还会提起她的公开课。朱老师认为，教学可以从模仿优秀教师的做法起步，在钻研与思考中，慢慢就会形成教师个人的教育教学理念，并利用各种机会展现出来，从而获得专业成长。朱老师举了一个例子，当年宁波市海曙区是全国最早的三个课改区之一，学校很多年轻教师参与到课改实践中，通过学习新教学理念，逐步了解合作创新、课改等知识，大家获益颇丰，逐渐成长为一批优秀教师。

上课备课要磨课和演练，要花时间和精力。为了不影响学生上课进度，朱老师一个人在阶梯教室里对着空荡荡的教室练习，晚上的时候把住得近的三四个学生叫上开始演练，睡觉时脑子里也在不断回想哪里还需改进、学生会怎样回答、教师应该如何应对，等等。

朱老师十分注重打造"灵动的课堂"。所谓"灵动"，就是学生互动积极性高，学生具有主动性。学生一旦有了主动性，就能合作发现科学现象、得出实在的结论，这就是一堂课的亮点。课堂上，朱老师利用班级里面的小细节创设有趣的教学情节，活跃气氛，增加学生的学习感受。当然，朱老师也十分注意，不应刻意去"表演"完美的课堂，若如此便是过犹不及。朱老师师父的一个点评让她印象非常深刻：学生原生态的灵动会被"充分的准备"所淹没。学生对于这类课显得小心翼翼，特别安静。这是朱老师从师父点评中得到的启示，也是她想要分享给年轻教师的经验。

三、成为教师和教研员的经验分享

作为老师，要有认真敬业的态度，把认真变成个人的习惯。带着这样一种习惯，积极参与教学比赛，为未来做好准备。对于上公开课一事，朱老师有深刻的感悟。或许大家对上公开课各有各的看法，比如有的老师认为上公开课很麻烦，随便对付一下;有的老师认为上公开课是一种"任务",故而不愿意参加。年轻教师不应觉得上公开课是负担,要充分利用每一次机会。有的老师就很认真,做好了展示准备,在班级上一亮相,表现就非常好。以后只要有机会就能抓住机会,一步一个台阶,可以更好、更快地成长为优秀教师。

作为教研员,很重要的一个工作就是指导教师参加课堂教学比赛。朱老师曾选拔参加宁波市优质课比赛的老师,就一堂课进行了各种形式的磨课,磨了 20 节,朱老师认真听了 10 多节课,每一次听课后都认真反馈。听课时,她注意把上课老师讲的每一句话都记在心里,在课后能够复述出来,同上课老师交流细节。朱老师认为,教研员需要比教师更加敬业,虽然角色不同于教师,但同样要把工作认真做好。朱老师希望未来能够培养更多的新教师,尤其是乡村教师,通过工作室把个人经验毫无保留地传授给年轻教师。

作为一名优秀教师和教研员,朱老师始终关注年轻教师的成长。她认为,现在年轻教师总体不错,但是两极分化也比较大。教师个人成长之路上,学校的氛围很重要,但更重要的是教师个人的职业努力。年轻教师要认识到,教师在教学生的同时,自己也在不断成长。作为教研员,她能从区域层面多提供指导帮助,发动教师积极参加教学比赛;同时在教师个体层面,朱老师真诚地希望,个人要真心实意热爱教育工作、热爱教师职业,在教育事业上付出切实的努力,才能行稳致远、育人有效。

案例四:驻扎偏远山区三十载的归乡华侨子女教育者

【人物名片】朱选勇,现任青田县华侨中学党支部书记、校长,从事政治学科教学工作,曾获"浙江省春蚕奖"等荣誉。

一、行而不辍,履践致远,一路点燃华侨学子梦想

青田县华侨中学创办于 1957 年 6 月,是浙江省最早由侨资创办的中学。青田作为华侨之乡,早年间一些华侨回乡,感到身边的孩子、亲戚朋友的孩子无书可读,所以他们之中的一些人就集资办了一所学校,之后因资金无法有效运转而转成了公办学校。华侨中学在整个青田属于教学质量还不错的学校,为整个社会提供了很好的教学资源。多年来,华侨中学始终秉持"以人为本,德育为先,质量立校"的办学理念,秉承着"进步就是成功"的理念,在校园文化建设、教学管理、师生德育等方面探索出了一套极富特色且成效卓著的工作方式方法,成为一所被称为"让孩子读好书的地方"的学校。现在,华侨中学正朝着争创一流特色品牌和省级示范中学目标前进。朱校长带领着华侨中学不断进步,在去年的 408 名正取生中,华侨中学就占了 100 人。作为教育华侨子女的学校,华侨中学在教学中也会为同学们开展更多中国传统文化活动,如在端午节等传统节日举办丰富多彩的主题活动,使华侨学子更加深入地了解中华传统文化。为更好地传承汉韵,华侨中学举办了汉字听写大赛等比赛,从而更好地促进华侨学子对中国传统文化的继承。

二、春风化雨,玉汝于成,秉承进步就是优秀的理念

"我们所有的孩子进来,我们就跟他讲要忘记自己的基础,到华侨中学来,我们要比的是进步,你进步了,我就认同你的优秀。"在朱校长这样的教育理念之中,他所带领的华侨学子在进入学校之后,都刻苦努力地学习。谈及今年高考,朱校长说:"今年青田中学高考 670 分以上的才 14 个人,华侨中学就占了 3 个。往年,前 100 名 99% 都是伯温中学出去的。可以看出,我们的孩子从小学到华侨中学的三年是在不断进步的。进步了之后,到高中还能再进步。"从中可以看到,"进步就是优秀"的理念在华侨中学的教育中已经深入学生的内心,贯彻到他们未来的学业行动之中。

在交流中,"幸福感"也是不断地被提及的,朱校长的教育理念正是打造一种学生在学习中产生认同感、快乐感的"幸福教育"。朱校长在谈及学生幸福感时,脸上洋溢着自豪的笑容。他回想起在和其他高中老师谈话交流时,学生们提及华侨中学,脸上总是洋溢着幸福的微笑,言语中也尽是对华侨中学的怀念,这也是华侨中学和朱校长引以为豪的。朱校长认为,使学生能够拥有幸福感的不可或缺的因素就是体育。"华侨中学孩子们的体育成绩在初中阶段是青田最好的。今年体育平均分 28.68,总分 30 分。我们那些好的班的学生,99% 都是 30 分,而且我们这个 30 分基本上是练长跑练出来的。"朱校长笃定地说。关注学生们的体育也就是关注学生们的体质,当学生们的体质有了大幅提升时,他们就会变得阳光开朗。"强其体魄,练其心志。"朱校长认为,靠跑步跑出来的体育成绩,更能体现学生们的幸福感。

三、奋楫笃行,踔厉奋发,铸侨乡未来之栋梁

华侨中学是浙江省最早由侨资创办的中学,是一所设施完备、环境优美、校风严谨、底蕴深厚的全封闭寄宿制市级示范初级中学。近五年来,华侨中学教学质量均位于同类学校前列。从 2017 学年开始,教学质量位列市城区公办学校前三,教学成绩得到持续、高速提升。其中,近五年平均分连续增长,在青田中学上线人数逐年增长,华侨中学的教学得到了可持续发展。

在高教学品质的背后,是朱校长带着全体教职员工攻坚克难,逐步提高学生学业成绩,增强学生体质健康的故事。2015 年,朱校长从温溪一中来到青田华侨中学,担任校长一职。朱校长提到,当时华侨中学的教学质量落后于温溪一中,考上青田中学的人数仅有 40 多人。朱校长来到华侨中学后,对教学质量紧抓落实,全体教职工共同奋斗,华侨中学的教学质量每年都能上升一个台阶。2020 年中考,华侨中学上线青田中学的人数是 102 人,其中提前批 10 人,中考上线 92 人。而在 2022 年,华侨中学考到青田中学的人数则达到了 137 人。

在采访中,我们还了解到,起初华侨中学的生源并不是很理想,但在朱校长的带领和所有教职工的努力下,学校顶着各种压力,最终实现重点率翻倍:小升初时,华侨中学仅有 23 名重点生源,而 3 年后这个数字增长为 53 名。"华侨中学对学校本身,对教育,包括对社会最大的贡献,就是我们的增量!"朱校长在提到华侨中学所做出的贡献时,脸上浮现出了欣慰、自豪的笑容。

在朱校长的带领下,华侨中学正向着省级示范中学大踏步前行。对朱校长而言,华侨中学就如同他的孩子,在朱校长为侨乡教育鞠躬尽瘁之时,华侨中学也在不断进

步,不断地为社会做贡献,不断为侨乡培养一代又一代的青年才俊。

案例五:西部支教教师的自我规划

【人物名片】吴韩杰,宁波市鄞州实验中学初中科学二级教师,现在四川省凉山彝族自治州木里藏族自治县民族学校支教,担任支教学校九年级物理备课组长。教学荣誉:区教坛新秀一等奖,区骨干班主任,市命题比赛一等奖,市优秀作业设计案例评比二等奖,市实验技能比赛二等奖,市教学设计比赛三等奖,教育教学论文评比多次获得区一、二等奖等。

为了能使自己的教学生涯更加充实,教学经历更加丰富,助力自己专业的多元成长,吴老师带着对教育的热忱开启了为期一年的支教。吴老师对于自己这一年支教的规划大致如下:

(1)由于接手班级的学情较差,需要重新制定相关教学方法和学习方法,并在实际教学中不断修改与调整,尽量提高与学生的贴合度,让教学更有效,并能激发学生兴趣。

(2)积极参加各种教研活动,将自己的教育教学观点与当地老师们的实际做法融合,取长补短。通过开设公开课以教促研,结合反思、总结与实践撰写论文与课题,达到以研促教的目标,同时也进一步探索"山海相连"的教研新模式。

(3)由于教材不同,主动参与新课标学习,投入命题研究与作业设计。

(4)由于各种原因,当地学校的教学资源有限,尝试牵线搭桥,给当地学校捐赠教学所需的实验用品。

在支教过程中,吴老师遇到了许多困难,其中最明显的是学生基础差,如电学教学中,学生读不懂电路图,记不住简单的公式,缺乏实际生活经验,部分学生因不感兴趣而放弃课程学习。

针对这些困难,吴老师积极尝试解决的方法:

(1)以实验为主线,多用动手操作来替代动笔"刷"题。实验往往是突破物理教学重难点的重要途径,在教学设计上,吴老师注重每节课的教师演示实验和学生动手实验,先将电路、电流、电压和电阻相关的实验根据课时顺序逐一完成,部分实验有必要重复练习,辅助理解(教材中部分实验如果现象不明显,或者操作不方便,可以改编或创新)。与此同时,每天作业只需要完成书本课后习题以及作业本中基础巩固的部分习题,将实验习得的知识巩固消化。题量不多,难度不高,与实验教学相协同,让学生对学科持有的兴趣热度能维持更长的时间。

(2)线上教学与线下课堂联动。线下课堂往往内容相对充实,要在有限的时间内完成既定的教学任务。有时课堂节奏会比较赶,学生在构建知识与理解上可能会存在被"拔苗助长"的情况,似乎学会了,能与老师互动了,但实际上这是给老师的一种错觉,理解与内化都是"生硬"的,需要持续地"慢炖"。此时,这个"慢炖"的任务就交给了线上教学。线上教学资源虽然在各大平台上有很多,但是需要教师进行有针对性的整合,一般控制在10分钟以内。其优点在于平时可以利用碎片时间,不断回放加以巩固,也可以当作学生的另一种"课堂笔记";到了期中或期末复习阶段,可以再将这些视频重新播放,对基础薄弱、习惯较差的学生而言,这种方式的效果不亚于"刷"试卷。

(3)改变奖励机制,保障教学生态。运用多样化评价机制对学生的点滴进步给予表扬是很有必要的,这有利于学生形成良好的学习习惯,保持学习的积极性,教师维护良好教学生态。每节课后,吴老师根据当堂课上学生回答问题的情况、上台演示的情况、记笔记的情况等给予加分;根据作业上交情况、订正情况、答疑情况等给予加分;根据实验完成情况、实验帮扶情况、实验创意点等给予加分;同时,根据考试成绩结合考前小组团队复习情况给予加分。分数汇总后,吴老师则会予以学生不同的奖励,如特权类是"允许免作业一次""优先选座位一次""允许点外卖一次";现金类是"五人合作集齐五张拼图的现金红包";奖品类是"随机文具一件""护手霜一支""茶杯一个"等;活动类是"看一场电影""打一场篮球""聚餐一次"等。

案例六:逐步成长的"全能型"名师

【人物名片】史定海,浙江省特级教师,2002年成为宁波市最年轻的享受教授级待遇的中学高级教师。教书育人事迹曾被《中国教育报》、《浙江日报》、《宁波日报》、中国教育电视台等做专题报道。华东师范大学教授、博士生导师、国家化学课程标准研制组长、苏教版高中化学教材主编王祖浩评价他为"中学化学专家教师的杰出代表,全国中学化学教师的楷模和骄傲"。

史定海老师师范学校出身,立志于成为一名好老师,常常以居里夫人的警句激励自己。毕业后分配到中学任教,安于教学并不断研究如何教得更好。他很早的时候就担任了浙江省首个高中"希望班"的班主任,面对来自全省各地的"希望生",他首先是尽到一名教师的职责,关爱学生,与学生、家长都建立紧密的关系。这些要付出很多精力,必须在思想上真正爱学生才能切实做到。他的这些"希望班"学生后来都获得了各种成绩,他认为教师最大的成功就是培养了出色的学生。

史老师成为一名出色的化学老师,并非一蹴而就。他认为,能够成为宁波市第一届跨区域带徒项目的一员是非常重要的一步。当时他是徒弟,在这样的教师培养模式中迅速成长。逐步地,他变得善于研究各种各样的教学模式,并且开阔眼界,与全国同行老师们做对比,不局限于本地本校的教学改革成就,从中发现更为有效的教学模式。尤其是对全国的课堂教学改革,他有了自己的总结,他发觉有些模式可能只适合于一定的学校、一定的老师。于是在研究的基础上,提出了自己的多元课堂理念。依据美国心理学家加德纳的多元智能理论和人文主义的教育理念等,他认为多元课堂的框架可以是:教学目标多元化,教学材料丰富化,教学过程多样化,教育的评价也应该是多种的,最终培养出多元的人才。

在取得一定成就后,史定海老师始终自觉成为一名德育导师和终身学习者。在成为学校高层管理者后,他认为,年轻教师一定要先学会做班主任,教师教书一定要先教学生做人;他重视青年教师的培养,自己也从跨区域带徒项目中的"生",一步步成为"师",后来担任宁波市跨区域带徒化学组的组长,"从生到师",在这一过程中获得成长,又把它发扬光大,为年轻教师提供支持。作为小组带徒的组长,史老师精心设计安排活动,比如教师的同课异构、课理的评析及课堂教学的分析,与青年教师不断同步发展。终身学习体现于他对专业化学知识的不断更新学习,也体现于他对教育教学理论的不断探索研究,在一线教学工作和行政管理工作中取得平衡。在教学研究成果方面,史定海老师发表了几十篇论文,完成了多项省级教研课题,并且编写了多部化学教学教材,获得了诸多荣誉。

二、学校管理案例

案例一:宁波市海曙区名师工作室制度建设(工作室成员自述)

一、学习和交流教育教学的新理论模型

成为工作室成员前,我们虽然在各自的工作岗位上辛勤地耕耘,摸爬滚打,但始终如行走于黑夜,迟迟找不到方向。幸运的是,在工作室师父指导下我们明确了前进的方向——以高阶思维引领教育教学。那么高阶思维的内涵是什么?有哪些途径发展学生的高阶思维?发展学生的核心素养是什么?为寻求答案,师父带领着我们踏上"全面研学"的征程,以此加强我们的理论支撑。

我们常常利用假期、休息日或是碎片化的时间阅读相关的理论书籍和文献。个人阅读的同时,我们还进行团队交流,组织召开读书交流会,带着思考去读书,交流读书心得,分享智慧,进行思维碰撞。我们曾组织长达 4 小时的交流学习会,工作室的12 位老师以"PBL 教学和模型建构教学"为主题分享了各自的学习体会和实践经验。我们从理论概况、教学案例、复习应用等不同角度进行阐述,让 PBL 教学和模型建构教学的理论照进现实,点燃老师们暑期的学习热情。在全区全员研修活动中,我们工作室成员来到各年级的分会场,分别以"基于 PBL 的科学教学的思考与探索"、"核心素养指向的初中科学'1+X'析题教学的思考与探索"和"基于高阶思维的科学命题探索"为主题进行观点分享,理论与实践案例相结合,聚焦高阶思维。在"单元教学视域下的学生作业设计与实施"的教研活动中,我们分享交流实践案例,建构指向大概念的作业目标,分享课后实践性作业的设计;在"我看核心素养导向下的教学评价"中,我们分别从科学核心素养的四个要素探析历年中考试题,立足学科核心素养。

随着学习脚步的不断前进,我们的工作室逐渐摸索出指向高阶思维的项目化学习实践研究模型、"思践交互"的教学模型和"1+X"析题教学的研究模型。

二、提炼教师个体独特的教学思路

教学研究模型的建立,使我们的教学实践有了方向,由此我们进入"全面实践"阶段。我们遵循教学模型中的目标导向、原则、策略、设计路径等,认真撰写指向高阶思维的教学设计,并进行交流分享。

通过 3 年的实践,工作室开发了大量指向高阶思维的项目化学习、"思践交互"教

学和"1＋X"析题教学的典型案例,归纳提炼出了项目化学习的三大学习模式,以及"1＋X"析题教学发展学生关键能力的策略:

(1)主题知识梳理,发展信息获取与加工能力;

(2)解题模型建构,发展模型建构和认知能力;

(3)拓展延伸训练,提升学生思维品质;

(4)创新实验深化,凸显科学学科本质。

三、在教学实践中笃行提升

3年中,通过工作室这个平台,不断修炼,不断坚持,我们的对课标和教材解读能力、对资源的整合与开发能力得到了有效提升。

我们研发的多节教学课例入选"全国百名特级教师公益送教湖北"活动资料库,在中国教研网、教师研修网发布,并用于公益援助湖北省线上教学;"阳光的传播"一课在全国基础教育课程教学改革研讨会中展示;"玩出你的智慧""设计简易吸尘器""自制便携式制氧机"等课例在全国、浙江省中小学名师教学峰会等活动中展示,新颖的课堂和有深度的学习模式,得到与会专家和老师们的一致好评。

我们还将教学课例拍成微课,供区内各学校用于线上学习,同时被宁波市"甬上名校"平台录用数十节,为宁波市"停课不停学"提供了丰富的教学资源,并在各线上培训活动中发挥了重要作用。

指向高阶思维的研究促进工作室成员专业迅速成长。我们不断反思与完善自己的实践,并撰写成文,其中《基于项目化学习的初中科学实验探究案例的教学》等20余篇论文在国家级和省级刊物中发表或省市获奖,《基于微课导学的在线微项目学习的设计与实施》和《基于问题导向的初中物理实验创新策略》等4篇被人大复印资料全文转载。

研究取得阶段性成果后,工作室成员们积极地在区内进行交流,指导区内各校老师们进行学习模式和教学模式的变革。在教学实践中,我们鼓励学生创造性地解决问题。课堂中学生合作设计,交流评价,反思质疑,探究实践,解决真实情境问题,并把这种学习的热情延伸到课外。3年内我们收集了学生学习成果100余项,并择优汇编成集。我们区的学生参加第一、二届浙江省中小学科技创新作文大赛,共获奖45人次。

工作室成员在推动教学研究区域内辐射的同时,以公开课和报告的形式在省内外分享和交流。我们的足迹遍布新疆库车、贵州义龙新区、四川青川等地,参加"百人千场"名师送教下乡活动,赴玉环、天台、永康、东阳、定海、余姚等地推广经验和成果,在浙江省"关键问题解决"专题研训中做经验分享。此外,我们还与其他地区的名师工作室做好联合教研工作,促进工作室成员进一步加强内训,精益求精,互促提升。

案例二:"师带徒"团队的教师专业发展模式(工作室成员自述)

作为年轻教师,我很荣幸能够加入名师工作室。我在教学的起步阶段加入团队,在各个方面都获得了帮助和支持,同时我也明确了教师专业化成长对教师个人成长的作用。

某某名师会经常基于课程理念、教学设计、课堂教学技能、教师的专业成长等内容给我们做专题讲座，内容既深刻独到又通俗易懂，既旁征博引又紧扣主题。在理论学习后，还会安排具体课例的实践，同时安排工作室的导师进行指导，并进行公开展示，我的课例如"探秘直饮水机""电阻测量"等在区内外公开展示，获得好评。在此过程中，我将所学的理论内化，真正地运用到教学中去，教学能力得到了飞速提升。

内外专家共助力，专业能力全面发展。工作室作为一个团队，除了有固定的专家名师指导外，还经常邀请区外、市外等名师专家给我们分享经验，进行教学理论、教学能力、专业发展、课题论文撰写等多方面的指导，让我不仅仅是在教学能力上得到了提高，在其他专业能力上得到了全方位的发展，对于自己的个人的专业成长也有更明确的认识。

多元比赛促磨砺，教师个人快速成长。名师带我们参加各种比赛，如解题竞赛、课题论文评比、优质课评比等，以赛促练，每一次的比赛都是一次检验自己的机会，我很有启发，不断找出差距。在一次次比赛过程中，自己的各方面能力得到了不断磨砺，我在后来的区级教坛新秀评比中获得了一等奖。

案例三：发挥校长在全校教师专业发展中的顶层设计作用

杨云生老师先后出任过五所学校校长，现任宁波市惠贞书院党委书记、校长。曾获浙江省"春蚕奖"、宁波市首批"名校长"、宁波市中小学十佳师德楷模、宁波市优秀共产党员等荣誉称号，所在学校先后荣获"浙江省文明单位""浙江省清廉学校建设示范校""浙江省教育科研先进集体""全国优秀科技教育创新学校"等荣誉称号。

他认为，校长应做时代特征的把握者、教育发展的引领者、学校文化的建设者、融合新质创新教育的实践者。而把这些落到实处，顶层设计显得尤为重要。学校的发展，最终要落到学生的发展、老师的发展上。发展首先是思想意识的觉醒，即作为老师我要做什么？成为什么样的人？一是要有教育家的追求和情怀，要勤奋，有创新意识等；二是成长必须具有深厚的专业知识，包括基本知识和基本技能；三是要有不断学习的精神，不断吸收古今中外的知识，并融入自己的智能结构，促使自己不断成长，具有较强的创新施教能力。发展最终体现的是自我创新能力的提升、教育智慧的丰富、教育成果的显现。校长和学校对教师成长的主要作用如下：

一、营造氛围，给予引领

氛围是一种环境力量，是一个群体在共同追求下形成的气氛和情调。它包括舆论的引导、行为的展现、活动的展开等要素。在波澜壮阔的伟大时代，我们需要思想家、科学家，也需要教育家。作为一个老师，要定好位——做一个优秀教师，做一位教育专家，做一位教育大家；选好向——依据自己的实际、时代发展和学校发展的需要找准自己的发展方向；练好功——一个人的发展和成就是和自己的努力成正比的，一分付出，一分收获，每一位老师都应该在抓好自己教学基本技能的前提下，练就自己的绝活，既成就学生，也成就自己。

营造氛围还必须以身作则。榜样就是导向，就是方向，要想在事业发展上给老师帮助，自己的行为便是一种引领。一个不爱读书的校长，不爱思考写作的校长，与其老说大家要读书，因读书能使我们精神丰富，写作促使我们思想系统而深刻，不如自己经常交流读书心得更具力量，不如自己经常发表文章、出版专著更具示范效应。活动是促使发展的孵化场，惠贞书院把活动作为促进老师成长的大事来抓。比如举行了"以竞赛为翼，现青春风采"学科赛课活动，惠贞"新青年制造"团队学习汇报活动，"聚焦论文撰写，名师引领促成长"活动等，校内外结合，研和行结合，知行合一，以活动为载体，促进教师特别是青年教师的成长。

二、规范为根，强化重点

教师发展可以开展很多工作与活动。如校内或跨地域师徒结对，激励老师积极参加上级主管部门举行的各种竞赛，鼓励老师做学科的翘楚，会对老师的成长产生积极影响。但万丈高楼平地起，学校应该找准老师成长的根，根深才能叶茂。惠贞的做法是强调教学的规范，这是发展的基础。教语文，必须从每一个汉字研究开始，从每一个句子、段落、文章的解读开始，从写一段文章、一篇文章开始；教数学，必须认真演算每一道题目，研究每一道题目的价值作用，研究课程的编写逻辑；等等。成长不是跳跃，而是积累；成长不是自然生成，而是艰苦的磨炼。规范不仅是一种行为，也是一种态度和文化，当一个老师树立了规范意识，他便形成一生扎扎实实为师的品格，而不会投机取巧。

老师的成长，有内修和外烁两个因素。内修包括坚定的教育信念，献身教育的精神，成就"大我"的恒心等；外烁即外在的力量。决定人发展的因素是内修，而外在的行为又对内修起一定的推动作用。在促进老师成长上，除了注意规范的基础作用以外，还要注重重点的强化，即"精品课堂"的打造。"精品课"是对教学行为的打磨和雕琢，我们不仅制定"精品课"的具体步骤，而且还制定"精品课"的层级和上好"精品课"的方法，包括教研组的组织、申报，教案撰写，上课、评课以及交流、反思等。这样的活动不仅使老师站稳课堂，创造出充满活力的课堂，而且在促进老师自身发展的同时，促进学科组老师共同发展。

三、敏锐发现，个性发展

对于惠贞书院来讲，300多人的教师队伍，本身就是丰富多彩、个性灼灼的生命群体。他们痴迷于教育，身怀绝技。个性就是风采，个性就是卓越。作为校长，如何以欣赏的眼光，发现老师的个性；如何以包容的心态，看待老师的不同；如何使其"各美其美，美美与共"，是促进老师发展的重要问题。发现既是一种能力，更是一种道德；而包容本身就是力量的一种注入，是促使老师创造性发展的力量。

生物学教研组的张志祥老师就是典型的例子。2009年8月，张老师从浙江师范大学生态学专业研究生毕业后入职惠贞书院。张老师肯吃苦、勤思考、会研究，生物学教学成绩突出。因此，2015年我委派其负责市科技新苗培养计划暨科创人才培养工作,并在学校里建设了智控阳光房作为师生科创探索的基地。8 年来张老师带领科技新苗团队不断前行,取得了市科技新苗"六期五冠"的骄人战绩;一大批学生在省市乃至全国青少年科创赛中获奖,发表科研论文近 30 篇,其中 6 篇发表于核心期刊。通过高中阶段的科研经历,好多学生获得了"三位一体""强基计划"招生资格并顺利进入理想高校。2022 年,借助学校迁建的契机,我们又高标准建设了生物学、化学、物理等创新实验室及蔬菜水培室、热带雨林馆、海洋馆等供学生亲身体验的功能馆,进一步加强了学校的科创基地建设。像张老师这样的青年教师在惠贞还有很多,近几年,以张老师为首席科创导师的教师团队与十几所知名高校、科研院所联合成立"惠贞科学院"和科苗工作站,已有物理、化学、信息技术、数学、生物、语文等多个学科参与进来,青年指导教师增至 20 余名。经过多年的积累,张老师也获评了宁波市名师、甬城教育名家、浙派名师培养对象、宁波市拔尖创新人才(第三层次)等荣誉。

"分层阶进""师徒结对""怀新计划"等教师发展平台的搭建,真真切切为教师的专业成长提供了保障,必将助推一大批像张志祥老师这样的青年教师脱颖而出。

第二节　职业教育教师专业发展实践案例

一、教师个体案例

案例一:中职教师的专业发展(一)

【人物名片】周超,杭州市临平职业高级中学(杭州市临平技工学校)数控技术应用专业教师,高级讲师。现为学校数控专业部副主任、教研组长,学校名师工作室主持人,临平区技能大师工作室领衔人,临平区劳模工匠创新工作室领衔人,临平区教育系统"一党员一阵地"示范阵地领衔人,杭州市名师乡村工作室领衔人,杭州市中职与成人教育教学研究会秘书长,全国职业院校技能大赛零部件测绘、数控综合加工等赛项裁判和监督员。曾获全国职业院校技能大赛优秀指导教师、浙江省教坛新秀、浙江省技术能手、浙江工匠、浙江省"三育人"先进个人、浙江省中职机械专业首届优秀青年教师、杭州市"D 类"高层人才、杭州市"教育工匠"提名等荣誉。

一、从中职学子到中职教师

从一名中职院校的学生,蜕变为中职院校的教师,周超老师的学习与职业生涯是对"技能成就精彩人生"的生动诠释。在社会重视高技能人才培养的氛围下,高中阶段选择就读于中职学校(杭州市临平职业高级中学)数控技术应用专业,其间代表学校参加数控技能大赛,获浙江省一等奖和第二届全国数控技能大赛第一名,获评浙江省首届"职教学子"称号,以此拉开了他的技能成才之路。大学阶段,他带着对知识和技能库不断充盈的渴望,报读了高职院校(浙江机电职业技术学院)模具设计与制造专业,就读期间代表学校参加模具设计与制造大赛,获浙江省一等奖和全国第六名,获评感动机电年度人物。大学毕业后,原本有着更加广阔发展空间的他,通过人才引进考入区教育系统,选择回到高中母校任教。工作后,他通过学历进修获得浙江工业大学本科学历,通过全国统考成为机械工程硕士。

二、以学生的成就为教师的最大成就

入职以后的五年,他充分发挥技术所长,深入研究各大技能赛事,沿着以赛促教、以赛促学的职教"师生共长"技术成长道路,个人先后参加国家级、省级教师技能大赛,获一等奖 10 余项;他充分理解任教专业独特的育人功能,指导学生参加技能大赛,获全国一类大赛金牌 3 项,省级获奖 30 余项。

所带学生吴佳峰,2014 届优秀毕业生,就读期间获全国职业院校技能大赛金牌、全国数控技能大赛金牌。高中毕业后考入浙江机电职业技术学院继续深造,并将竞赛中养成的刻苦钻研精神延续到自我提升的方方面面,脚踏实地,积极进取。特别是学业方面,专科毕业后通过专升本考入温州大学,再成功攻读浙江工业大学研究生,现为浙江工业大学博士生在读,成为广大职高生学习的榜样,探索了"技能＋学历"的中职学生高质量成长道路。

所带学生周晓东,2009 届优秀毕业生,就读期间获得全国职业院校技能大赛金牌。高中毕业后考入杭州职业技术学院,毕业后回到母校杭州市临平职业高级中学任教。工作以来,始终扎根技术技能教学第一线,先后获得浙江省技术能手、浙江省青年工匠等荣誉称号。2023 年再次代表浙江省队参加全国职业院校技能大赛,获现代加工技术项目(师生同赛)银牌。

所带学生杨文强,2009 届优秀毕业生,就读期间获得浙江省数控技能大赛金牌。高中毕业后考入浙江机电职业技术学院,大学就读期间,获得第 42 届世界技能大赛暨第五届全国数控技能大赛第 5 名,为第 42 届世界数控奥林匹克技能大赛浙江省唯一的国家集训队队员。现为浙江机电职业技术学院教师,先后获得全国技术能手、浙江省技术能手、浙江省青年工匠等荣誉称号。

三、如何解决个人成长过程中遇到的困难或困惑

技术技能水平是考量中职学校专业课教师的重要指标,但不是唯一指标。想要成为一名全面发展的教师,仅有扎实的技术技能远远不够,这也是如周超老师这样竞赛出身的老师在个人成长过程中遇到的重大困惑之一,他的解决方式是以个人技能所长为基础促进各方面综合成长。

(1)教材编写方面。2014 年开始,尝试编写技能类书籍,从教材参编入手慢慢积累编写经验。该类书籍的编写,不脱离所擅长的技能领域,站在读者角度,陈述技术事实,总结技能经验。至今,其累计完成了6部专业书籍的编写工作,其中参编2部,任副主编1部,任主编3部,循序渐进,文字功底得到了提升,为后续教育教学研究打好基础。

(2)技改研发方面。2015年开始,领衔区级技能工作室,并以此为桥梁纽带,充分对接企业实践,以自身技术技能领域所学所见为基础,直接参与企业多项技术革新和专利开发工作。至今,累计完成了2项发明专利和8项实用新型专利的申报和成果转化,这也是教师技术技能企业真实场景的应用和强化。

(3)教育研究方面。2017年开始,在技能教学领域尝试课题研究申报,首次主持申报课题"以赛助教:中职学生中职数控专业学生技能培养的有效性研究"获2017年杭州市立项,并于2019年12月获杭州市教育局中职教育与成人教育专项成果二等奖。后于2021年4月在《职业教育》杂志第20卷第12期公开发表论文《"以赛促教"视角下的中职专业教学改革研究——以数控专业为例》。至今,其累计完成课题研究10余项,其中主持省级课题两项等。

四、如何使科研与教学水平快速提升

快速提升科研和教学水平,最直接的方式是参加各级各类教学业务比赛,以赛项要求充分锻炼自身教学能力,以解决教学实际问题开展教学研究,并利用各级公开课、观摩课来完成推广展示和检验,形成个人综合能力提升闭环。

2020年,周超老师组队参加教师教学能力大赛,以当年疫情防控期间口罩机的导线轮加工项目为载体,进行充分市场调研和课堂实践,形成的教学项目最终获得杭州市教学能力大赛一等奖、浙江省教学能力大赛一等奖和浙江省多彩课堂一等奖。比赛中形成的课堂教学组织模式"基于智能制造的'365'双元课堂的研究与实践"获得省级课题立项,并获浙江省职教与成教优秀教科研成果一等奖,相关经验在浙江省机械年会和浙江省电子电工年会中以公开课和讲座形式分享展示,并在各地市教研活动中推广展示十余次,效果显著。

2021年,周超老师基于成功参赛经验,趁热打铁,稳固自身教学能力,再次报名参加教师教学能力大赛,最终获得全国教师教学能力大赛一等奖。两年的时间,通过各类教学业务比赛,不断学习和掌握新的知识,完成了自身科研和教学水平的快速提升。

案例二:中职教师的专业发展(二)

【人物名片】梁耀,宁波市鄞州职业教育中心学校机械专业高级讲师及机电部主任。他因在职业教育领域的杰出贡献获得浙江省教坛新秀、宁波市"四有"好老师等荣誉称号。

梁耀老师从吉林大学机械工程及自动化专业毕业后,即投身于宁波市鄞州职业教育中心学校,从事机械专业的教学工作。凭借对专业的深刻理解和对教育的热爱,他将"三教"作为支撑有效教学的基础,以"立品行、强技能、促发展"为育人目标,致力于将理论知识与实际操作结合,提升学生的综合职业能力。

一、扎根专业，探索推广有效教学模式

梁耀老师在教学过程中既秉持传统教学理念，又不断探索和实践信息化教学方法，通过开设示范课程，参与和指导各级各类专业技能比赛，有效提升了教学的互动性和学生的学习兴趣。特别是他指导制作的"机械基础"课程被评为2022年职业教育国家在线精品课程，展示了其在教育教学创新上的卓越能力。

二、联系企业，创新校企深度合作模式

梁耀老师依托课内实践、岗位锻炼、技能比赛、企业生产、社会实践五个环节，开展实践育人，实施学育相融。通过与企业的紧密合作，梁耀老师带领学生深入企业，解决实际生产问题。如"自动销钉安装机"等项目，不仅提升了学生的实践技能，还为企业带来了显著的经济效益。通过职业引导，促进学生成长成才，指导学生在"挑战杯——彩虹人生"全国职业学校创新创效创业大赛获特等奖1项、一等奖1项，在中国国际"互联网＋"大学生创新创业大赛获国赛铜奖2项，这种校企协同的模式大大丰富了教学内容，有效提升了学生的职业能力和创新精神，促进了学生的综合能力发展。

三、钻研课题，不断提升自身科研水平

梁耀老师积极参与教育科研项目，探索创新人才培养模式，其主持或参与的省市级课题多次获奖。其中执笔课题"五小微创：中职创新教育模式的建构与应用"获2021年浙江省人民政府教学成果奖二等奖。通过深入研究和实践，他不仅提升了自己的科研能力，也为职业教育的创新发展提供了理论支持和实践案例。

梁耀老师通过持续的教学创新、实践育人以及积极参与教育科研，实现个人专业成长，并推动中职教育质量的提升。在教育教学和科研实践的过程中，梁耀老师面临过多项挑战，诸如如何有效整合信息化技术与教学内容，如何平衡教学与科研等。面对这些困难，他通过学习新理念、新技术，积极参与教科研活动，深入校企合作，以丰富自己的教育教学方法，提高科研能力。同时，他通过教学反思，以批判的精神调整和优化教学策略，实现教学内容和方法的持续改进。

案例三：中职教师的专业发展（三）

【人物名片】莫建斌，温岭市职业技术学校烹饪专业课教师、学校创业中心副主任、高级技师，荣获全国技术能手、全国餐饮业高技能人才、中华金厨奖、全国优秀指导教师、浙江工匠、浙江省技术能手、台州市名师、台州市首席技师、台州工匠、台州市高技能人才创新（劳模）工作室领衔人、台州市技能大师工作室领衔人、台州市优秀教师、台州市优秀指导教师、温岭市优秀党员等荣誉称号。

从一名普通的中职学校学生，到知名宾馆的面点厨师，再到中职学校的骨干教师，最后成长为"全国技术能手"，莫建斌的人生就是理想照进现实的真实写照。2010年，莫建斌通过社会招聘回到母校——温岭市职业技术学校担任烹饪专业教师。14年的教育实践中他多次获得国家级、省级、市级各类表彰，带领学生连续四年夺取浙江省中职学生面点大赛一等奖、全国中职学生技能大赛中西点项目一等奖，更是囊获了

中餐烹饪世锦赛面点项目冠亚军,近 6 年辅导师生获全国烹饪技能比赛金奖 20 人次、省级竞赛金奖 42 人次。他提炼出了独特的"学赛创"融合育人新模式,开创了独特的教学风格。

一、以身立教,在不断地创新中追求极致

一位优秀的专业教师,首先是一名专心致志的专业技能探索者。在 2021 年全国餐饮行业大赛中荣获中式面点项目特别金奖的"鼠趣"是他开发的第四代"松鼠",在这之前,大家都是将面团擀平成薄薄的一片,再进行捏合,不仅费时费力,而且炸出来的"松鼠"容易起皮。问题是创新的源泉,在尝试过各种材料后,莫建斌想到了小时候包在糖上的糯米纸。在改进配方和制作工艺的同时,他还制作了各种各样的模具,每一道面点都有专属于自己的模具,实现以问题为导向的创新突破。

近年来,莫建斌还与温岭新荣记酒店、温岭市七星云顶酒店、温岭市职糕缘食品有限公司合作,研发了多款具有温岭特色的名点名小吃,其中"蛋黄酥""椰蓉月饼"被评为"浙江省名点"。

二、以赛促教,分级制定竞赛课程标准

莫建斌认为面点制作考验的是学生的综合技能素养,应当包括审美能力、创新能力和团队协作能力,因此他一方面在烹饪课程中增加了美术课程、创意设计课程,另一方面又有计划地安排学生做社会培训的助手,通过社会活动锻炼学生的审美情趣、沟通协调能力和心理承受能力,将学生个人成长与技能知识进行了有效整合,达到了良好的效果。学生在各级技能竞赛中创造了一个又一个的奇迹,学校先后获得"世锦赛优秀烹饪学校""全国优秀烹饪学校"等称号,烹饪专业和学院也被评为"浙江省双高建设专业"、浙江省"一带一路"丝路学院共建单位等。

三、以创拓教,创建实体平台推进"学创"融合

2013 年,他在校内建立了"糕手非凡面包蛋糕配送中心";2014 年"糕手非凡烘焙坊"校外门店开张,得到了社会与行业协会的一致肯定;2017 年"糕手非凡烘焙坊"开启加盟模式,走上了连锁发展之路。

以"糕手非凡烘焙坊"为平台,莫建斌在教学中融入了大量的创新创业教育,他带着学生在西点经营中跨界学习经营理念、销售礼仪等,关心学生终身学习能力的培养,将此作为实践教育的核心之一;他组织学生一起做"点食成金""童肴""薪火燎圆"创业计划,讨论建立高标准的中式点心研发基地的可能性,计划书获省、市一等奖。2017 年至今,他倾心相助,孵化出了 10 家毕业生创业店,在学生中形成了良好的创业氛围。

四、"学赛创"融合,名师团队培育新名师

经过多年实践,莫建斌的"学赛创"模式既制定分层目标,又互相促进互相成就,个体社会化和个体个性化有机统一,为学生职业发展奠定了良好的基础。2021 年他所教的烹饪高三学生参加浙江省单考单招考试本科上线 6 人,其中学生张涵希名列烹饪专业状元,刷新了最好成绩。

与此同时,莫建斌把这种模式移植到了他的名师工作室。阮斌杰、文民宏、丁琳茜、林鑫等毕业生考入浙江省各中职学校入编教师队伍后,积极学习莫建斌的教育教学理念,在较短时间内站稳了讲台并取得较大成绩。阮斌杰老师获得第八届全国烹饪技能竞赛面点项目特别金奖,同时被授予"中华金厨奖"与"全国餐饮业高技能人才"荣誉称号。文明宏、丁琳茜荣获"浙江青年工匠"等荣誉称号,林鑫荣获"浙江省技术能手"称号并考取"中式面点师高级技师"。

2019年,莫建斌被评为"浙江省优秀毕业生典型案例";2022年被推荐参加"全国教书育人楷模"的角逐。荣誉源自矢志不渝的职业追求,因为热爱,所以顿悟,莫建斌相信,在追求高品质的面点制作工艺的道路上,还能领悟更多的育人之道。

案例四:为学生发展而奔走于企业的专业基础课老师

【人物名片】王正才,宁波职业技术学院阳明学院院长,"双高计划"模具设计与制造专业群负责人,浙江省高职高专院校专业带头人,宁波市领军和拔尖人才培养工程第二层次人才。先后被评为中国模具协会职教领域"突出贡献工作者"、浙江省首届高校"优秀教师"、浙江省第六届"师德标兵",获第七届黄炎培职业教育奖杰出教师奖。

研究生毕业后在企业工作10年,王老师于2005年又回到了曾经工作过4年的同类学校,投身于高职教育。作为一名共产党员,一名人民教师,他将"热爱党的教育事业,关心每一位学生"体现得淋漓尽致。为了更好地投入工作,为教学团队排忧解难,他对自己的专业发展做了新的规划,借助学校平台实现自我提升,赴德国、新加坡等地参加学术活动,完成了从高工转评副教授的"小目标"。

近年来,王老师一直从事模具专业的一线教育教学工作,始终认为"学生就是学院的名片"。他指导学生参加市级以上技能大赛,均取得可喜的成绩:2011年获得"华宝杯"全国职业院校模具技能大赛一、二等奖,市本科和高职院校"模具设计大赛"一、二等奖,省第三届高职"挑战杯"和省第八届"挑战杯"大学生创业竞赛三等奖。在学生技能的强化训练期间,不知道跑了多少趟企业和新华书店,寻找合适的项目;为了兼顾上课、下企业,同时指导比赛的学生,他放弃了暑假及平时的休息时间,几乎每天开车100多公里,有时早晨5点叫学生起床训练,有时与学生训练到晚上10点多;学生生病时,他买药送医,照顾周到。大一新生七周的生产性实训,是以现场制造工艺、管理为主线培养学生的感性认识。为培育学生的职业素养,他将专业技能与职业精神融为一体,真正达到实训效果。同时,对学生们反映出来的思想和认识问题,耐心做好学生思想工作和下企业的动员工作。实训后,学生学习积极性明显提高,学风大有好转……如此种种,他成为学生的良师益友,学生们也没有辜负他的辛勤付出。在校的二年级学生通过强化训练,独立设计了中等复杂模具作品20副以上,作品最多的唐同学设计了66副模具。学生们设计制作的自动给液器及其零件的6副模具被法国E-clypse international公司采用并投入生产。毕业生专业对口率达85.2%,就业率为100%,不少同学在顶岗实习期间就成为行业龙头企业的技术骨干。

作为专业骨干教师，王老师完成了国家示范专业（模具设计与制造）建设，参与模具设计与制造专业国家教学资源库建设。他提出并确立了模具 CAD、CAE、CAM、OAM 四大核心能力（即"3C1O"能力）的人才培养方案，通过两年实践，专业培养方案及教学计划得到了验证，受到了市高校督导组的高度评价。为提高学院文化建设及学习习惯、素养的培养成效，他提出推行"6S"管理模式。针对模具专业师资队伍建设，协助阳明学院领导班子一起推出了"863"计划，该计划实施一年，要求专业教师设计开发 8 副模具，完成 6 门核心课程的自编教材，掌握 CAD/CAE/CAM 领域中的 3 个主要软件。

近年来，他获首届全国教材建设奖优秀教材一等奖，国家级教学成果奖二等奖，全国机械职业教育教学成果奖一等奖等。主持国家级在线精品课程 2 门，联合主持国家教学资源库 2 个，主编"十二五""十三五""十四五"国家规划教材 5 部，多次担任"全国职业院校技能大赛"模具赛项专家组长，指导学生参加"全国职业院校技能大赛"等全国性的各类技能竞赛，获得一等奖 10 余次。培养的学生成为全国技术能手、全国行业技术能手、市首席工人等，成为企事业单位的骨干。

科研方面，王老师开展纳米磁性材料在医学上的应用研究，获中国中西医科学技术奖三等奖、宁波市科技进步三等奖等 4 个科技奖；开展电缆成型的研究，获宁波市科技进步一等奖；开展 600 MW 发动机组动态特性研究，获上海市科技振兴二等奖。获国家发明专利 8 项、PTC 专利 2 项、实用新型专利 10 项、软著 6 项，在核心期刊发表论文 50 余篇，EI 收录论文 2 篇。主持浙江省重点实验室开放基金、宁波市自然科学基金及各级科研项目 20 余项。

在职业教育改革实践与研究方面，开展浙江省教育科学规划重大课题"模具设计与制造中高职一体化探索与实践"等省级及以上课题 5 项。2010 年起，致力于职业教育"校企地"合作，开展学校与当地政府合作办学，艰苦创业，推进"三教"改革，建立跨企业训练中心，创造性地提出"三元双轨""三岗三模"模具专业中国特色学徒制育人模式，形成校企深度协同工作机制。

经过多年的探索与努力，王老师从一名普通的专业教师成长为国家"万人计划"教学名师、国家"双高计划"模具设计与制造专业群负责人、宁波市特优人才、宁波市劳动模范、宁波市重点实验室主任。获全国第七届黄炎培职业教育奖杰出教师奖、浙江省高校黄大年式教师团队负责人等荣誉称号，入选教育部产业导师资源库技术技能大师，负责教育部现场工程师项目。王老师不忘初心，他说："我始终坚信，一名优秀的教师，一定是能做好三个'为'的——为学生锻造技能人生，为专业锻造发展路径，为区域锻造发展优势。"这三个"为"，正是王老师教书育人多年来的生动写照。

案例五：一颗抱团的"石榴籽"的凝结者

【人物名片】米娜瓦尔·艾力是来自维吾尔族的已有十多年教龄的高校辅导员。在东海之滨宁波与千里之外的新疆架起一座"桥梁"，助力学校培养成百上千名少数民族学生。她是热心志愿者，多年来带着学生一起开展近百场公益培训。她要用自己的实际行动,努力"当好一颗抱团的石榴籽",帮助更多的少数民族青少年铸牢中华民族共同体意识,让民族团结之花绽放在每一个角落。

一、精准施策　成为知冷知热的"娜姐"

2011年,宁波职业技术学院首次招收少数民族学生,因此急需一名能帮助学生更快更好融入学校、融入宁波的专职辅导老师。得知消息的米娜,第一时间报了名。"宁波温暖着我,我也想尽自己的力量,去帮助那些少数民族学生,让他们更好地融入宁波,更好地在这里学习知识。"她说。

虽然是大学的辅导员,但同学们更喜欢叫她"娜姐""姐姐"。因为她那满腔的热情和个性化帮扶,她成为少数民族学生心中知冷知热又知心的姐姐。

米娜说起一桩往事:女孩小麦家境比较困难,有段时间突然瘦了很多。细心的米娜就把女孩叫到自己家里一起吃饭,一边吃一边聊,女孩慢慢吐露自己的难处。米娜就和学校相关部门一起想办法,给女孩提供勤工助学机会。同时,米娜好像姐姐一般关心着她,生活上时时给予关注。"叫我姐姐,说明大家心里认可了我,这也是我最大的成就感。"米娜说。

经过探索,米娜形成一套行之有效的工作方法:对少数民族学生开展"分层、分类、分时段"服务管理,根据学生不同的特性和薄弱环节,从语言能力提升、专业课程学习、就业指导帮扶三方面入手,帮助少数民族学生提升综合素质,更快更好地融入宁波。

学生千里求学,首先遇到的困难是语言障碍。为了突破语言障碍,米娜向学校提出建议,开设"汉语听力与阅读"公选课。同时,通过开展"诵读""听写"等比赛,强化少数民族学生的语言能力,并启用网络课程,让学生随时随地都能开展学习。此外,还组织学生结对,帮助部分少数民族学生尽快突破语言障碍。

通过组织开展"用脚步丈量宁波"等活动,米娜让学生真正融入"第二故乡"。从新生刚入学开始,米娜就带着大家游览宁波的天一阁、港口等标志性景点。"这样大家就会了解得更直观,不少学生回来都表示他们太喜欢宁波了,为自己能到这里学习感到自豪。"学生也逐渐融入"第二故乡",更安心地在宁波学习生活了。

2017年,学院成立了"米娜工作室",为全校的少数民族学生专设了一个家园。11年来,米娜累计培养包括荣获新疆维吾尔自治区脱贫攻坚贡献奖、抗击新冠疫情青年志愿服务先进等国家省市荣誉在内的优秀毕业生197名。

二、思想扎根　真正实现各民族一家亲

米娜曾经的学生迪力木拉提是应用电子专业的学生,2015年毕业后回乡创业,开办了一家电子商务公司,他希望在力所能及的范围内,回馈自己的"第二故乡"。视宁波为故乡,帮助其他各民族兄弟姐妹,如此"反哺",与迪力木拉提在宁波学习和生活期间所受的影响密不可分。

米娜认为,铸牢中华民族共同体意识,最根本的就是要打牢思想基础。她依托宁波职业技术学院打造了一个"云端"学习平台——少数民族学生专题学习平台,平台

上时政要闻、社会热点、民俗风情、政策解释等各种学习材料应有尽有。

三、社会担当 "米娜工作室"成效显著

米娜牵头成立了多个公益团队,包括全省首支少数民族大学生城管义工服务队、"护河队"等。结合学生兴趣爱好,又成立了舞蹈团、足球俱乐部等社团。然后,通过"校地共建"等模式,和学生一起走进社区,走入社会,积极参加各类公益活动。

米娜带领学生们在校内开起了米娜民俗公益店,专卖新疆特产,既为贫困的少数民族大学生提供勤工助学岗位,又可以利用售卖所得为在家乡读书的贫困学生提供爱心帮扶。她还带着学生尝试以直播带货形式卖家乡特产,推广美丽新疆。每次放假返乡时,米娜还组织学生们结合自己在宁波求学的经历,到当地学校做宣传,厚植民族团结的根基。

截至目前,"米娜工作室"牵头组建的公益组织累计开展"文明经商""五水共治""垃圾分类"等文明劝导、环保宣传、敬老助老等公益活动160余场次,参与1200余人次,服务时长超过2300小时。

米娜还成立了名为"米娜工作室"的国家通用语言文字培训团,和同学们一起利用学校的优质资源,开展社会帮扶行动。截至目前,已开展96场公益培训,服务对象8640人次,累计开展语言培训服务1500余小时。

米娜设立的"石榴籽"公益基金,资助新疆各地349名贫困学子;成立民族政策宣讲队等公益服务团队,带领学生反哺家乡回馈社会,连续7年组织462名学生骨干赴南疆深度贫困县开展民族团结进步宣讲活动,辐射人数超6000余人。

"米娜工作室"的模式和育人成效得到高度评价。米娜获得全国民族团结进步模范个人称号,入围教育部"第十一届高校辅导员年度人物",荣获"浙江好人"、浙江省首批"和谐融入之星"、宁波市高校"优秀思政工作者"、"最美宁波人"、宁波市"十大杰出青年"、北仑区"十大杰出青年"、"新时代好青年"等荣誉。

案例六:高职教育领域国家级教学名师的历练之路

【人物名片】孙教授为人谦和,处事严谨,是一位德艺双馨的国家级名师,一直深受广大学生爱戴和同事尊重。他所从事的领域包括教学、科研、生产等多方面,广博的见识和丰富的学识使他时常被同行人作为学习和从业路上的指航灯和楷模。

一、坚守初心,做学生全面发展的引路人

从教以来,孙教授忠诚于党和人民的教育事业,坚定理想信念,恪守道德情操,以扎实学识培育学生,以仁爱之心感化学生,多次获得优秀共产党员等荣誉。落实立德树人根本任务,坚持教书和育人相统一,将家国情怀、诚实守信、安全意识、环保意识、工匠精神等思政元素和职业素养有机融入课程,长期带领学生开展科研,使学生在学习知识和技能的同时,锤炼品格,提高创新能力,促进学生全面发展。

二、投身一线,产教融合创新教学模式

在以教师身份执业授课时,注重以就业为导向,按照职业能力、职业素养和岗位需求,引入岗位操作规范、行业标准和职业资格标准,开发课程标准。依据工作任务

112

确定课程内容和教学项目,优化课程组合,以企业生产素材作为教学案例,改革以课堂为中心的教学模式,将教师传授知识的过程转化为学生发现问题、分析问题、解决问题的过程,使学生在这个过程中不断地提高自身的专业能力和职业技能,学生不仅熟悉各实验仪器的操作及相应数据的分析,而且熟悉整个课题研发过程。

三、牵线搭桥,校企合作培养青年教师

孙教授依赖自身企业工作经验,确定化工技术专业学生培养方向,积极牵头与企业共建校企合作实训基地,共同编制化工核心课程及教程,努力为学生创设一个学习和实践有机结合的教学模式。作为专业团队主要带头人,他帮助系内教师到合作企业实习,先后与多名青年教师师徒结对,吸引企业技术人员长期作为学校兼职教师;组建了一支"专兼"结合的双师队伍,与企业共建的"双师"结构师资团队获得省级优秀教学团队称号;应用化工技术专业通过国家示范建设专业验收。

四、开拓进取,建设国家高水平专业群

孙教授组建团队,撰写任务书和建设方案,应用化工技术专业群入选双高计划高水平专业群。孙教授凝聚学院全体教师力量,统领专业群九大类建设任务,建立激励制度,强化目标责任制,调动广大教师的积极性和创造性,完成专业群125项建设任务。他创新以研发为链条的校企协同机制,以"以研促教""以研强师""以研兴企"为抓手探索新型教学体系,依托科研和生产项目开发教学和实训项目,将教学与科研有机结合,科研有效反哺教学,核心参与的教学成果获国家教学成果二等奖和浙江省教学成果特等奖。

五、科教融汇,建设国家级教学创新团队

孙教授主持教育部重点课题"新时代高等职业院校化工技术专业领域团队教师教育教学改革创新与实践",带领6个化工国家教学创新团队开展教学改革,建立分级分类模块化课程体系,课题已通过教育部验收。创新双岗双薪、兼职取酬等激励机制,组织教师赴企业开展研发项目,带领新入职博士开展生产线上科研,通过科技服务和企业实践全方位提高教师能力。

六、协同创新,服务石化产业高质量发展

孙教授在石油树脂领域特别是碳五石油树脂领域贡献巨大,为科技创新赋予能量,持续贡献了社会价值。他注重教学与科研的紧密结合,推动产学研用深度融合,围绕乙烯副产碳五碳九产业链,牵头建设了国家企业技术中心、浙江省乙烯工程副产物高质化利用协同创新中心、浙江省重点企业研究院、宁波市高性能石油树脂制备工程与技术重点实验室等多个技术研发推广平台,并担任负责人;兼任恒河材料科技股份总工程师,主持课题40余项,累计科研资金6800余万元,主持国家火炬项目2项、国家重大技改专项2项、宁波市重大科技项目4项;率领校企团队攻克行业关键技术,获得授权发明专利45项,主持开发宁波市重点新产品20多项,增加企业产值52亿,其中4项核心技术为国内首创,助力企业石油树脂产量跃居世界第一,被认定为"国家制造业单项冠军产品"。作为主要起草人,他起草了国家标准、行业标准各1

项。他的科研成果获浙江省科技进步二等奖、浙江省科技进步三等奖、中国产学研合作创新奖及宁波市科技进步 4 项。他入选宁波市百名创新人才,并带领团队入选宁波市高校十佳创新团队。

案例七:中国科学院博士在教学一线的成长之路

【人物名片】2005 年 7 月,彭老师研究生毕业进入某学院工作,2009 年起攻读中国科学院博士学位,2013 年顺利毕业。读博期间一直坚守教学一线,积极探索适合高等职业教育的教学模式和教学方法,先后到德国 F+U 职业培训机构、香港职业训练局等地参加各级各类培训,提高自身教学水平和双师素质;及时更新教育教学理论,把先进的教学理念落实到行动上,灵活运用于教学实践中。

一、坚守初心,做学生全面发展的引路人

从教以来,彭老师始终忠诚于党和人民的教育事业,坚定理想信念,恪守道德情操,以扎实学识培育学生,以仁爱之心感化学生。多次获得优秀共产党员、宁波市三优秀三文明优秀教职工等荣誉。落实立德树人根本任务,坚持教书和育人相统一,将家国情怀、诚实守信、安全意识、环保意识、工匠精神等思政元素和职业素养有机融入课程,使学生在学习知识和技能的同时锤炼品格,促进学生全面发展。被评为宁波市高校优秀课程思政教师,负责的团队入选浙江省课程思政优秀基层教学组织。

担任班主任期间,彭老师多次探访困难学生家庭,给予帮扶。成为业务干部后,他依然十分关心学生思想政治工作,在关键突发事件中能够挺身而出。在一个深夜,彭老师得知某位心理困难学生涉水欲轻生被群众救起并送至派出所后,开车 30 公里,到达派出所,劝导和守候学生长达 4 个小时,直到该学生的父亲赶来,交代好相关事宜后才离开。彭老师长期带领学生开展科研,积极指导学生竞赛,提高学生的创新能力和技能水平。指导学生获"挑战杯"中国大学生创业计划大赛金奖、浙江省职业院校学生技能大赛一等奖等省级以上奖项 10 余项。

二、开拓探索,做教学改革创新的引领者

彭老师积极开展理论实践一体化的项目化教学改革。主讲国家精品资源共享课程"应用有机化学"、省级精品课程"化工废水检测与处理"。在"化工废水检测与处理"课程中,以含铬废水、氨氮废水等典型化工废水的检测和处理项目作为载体,将废水的各种处理方法和检测指标融入其中,使学生在学中做、做中学,用知识指导实践。彭老师的教学水平和教学质量获得广泛认可。

彭老师依托浙江省应用技术协同创新中心等平台,带领学生开展企业项目研究。创新"研发-教学"融汇式育人模式,依托科研和生产项目开发教学和实训项目,将教学与科研有机结合,科研有效反哺教学。主持的"高职化工类专业'研发-教学'融汇式校企合作模式研究与实践"获国家教学成果二等奖,"'研发-教学'互融共促:化工专业与单项冠军企业协同育人的探索与实践"获浙江省教学成果特等奖,"基于协同创新中心的多主体协同育人机制构建与实践"获中国石油和化工教育教学成果一等奖。

由于教学改革成绩卓著,在高职化工职业教育界影响力较大,彭老师担任了全国石油和化工职业教育指导委员会委员和化工基础课程研究与教学专门委员会秘书长,引领化工高职教学改革。作为向坦桑尼亚输出职业标准和人才培养方案的专家,他指导了生物技术工艺员等多个证书标准的制定,并通过了坦桑尼亚教育部的认证。近年来,彭老师参与了3项教育部高职专业教学标准的修订工作,起草化工精馏安全控制技能等级标准,该标准被列入教育部第四批"1＋X"试点。此外,他积极开展中西部、中高职合作办学,受聘为青海柴达木职业技术学院、湖北三峡职业技术学院、平湖中专等职业院校的专家,帮助3个化工类专业群入选省"双高"专业群;多次担任全国职业院校技能大赛教学能力比赛评审专家。

三、率先垂范,做国家教学团队的"领头雁"

2019年,彭老师作为牵头人申报国家级职业教育教学创新团队,制定了应用化工技术团队的申报书和建设方案,并成功入选立项建设单位。高水平专业群和国家教学创新团队这两项国字重大项目的立项,确立了学校化工专业群在国内第一方阵的地位。彭老师主持了全国职教创新团队建设体系化课题研究项目"化工技术专业领域团队共同体协同合作机制研究",强化共同体建设,以课题为牵引不断完善协作共同体运行机制。他撰写的《团队协作共同体引领教学改革 校企协同创新促进团队发展》入选教育部职教创新团队建设典型案例。2022年,彭老师负责的团队入选浙江省首批黄大年式教师团队。2023年,团队通过教育部专家组验收,成为首批国家职业教育教学创新团队。

四、协同创新,做企业升级发展的助推器

作为乙烯工程副产物高质化利用教育部协同创新中心的骨干研究人员,彭老师明确高职院校科研定位,即面向经济主战场,开展应用技术研发,支持区域绿色石化和新材料产业集群发展。他主持省部级教学科研课题5项,主持高容量锂离子电池三元正极材料的开发、负氧离子涂料的开发等横向课题,经费累计达100万元以上。2017年起,彭老师带领博士研发团队为某公司开发森氧博负氧离系列产品,被中国教育电视台《精彩人生》栏目宣传报道。同时,他长期作为多个公司的兼职研发人员参与企业产品开发、技术改造,助力某公司成为石油树脂制造龙头企业。近年来,彭老师发表高质量论文30多篇,授权中国发明专利18项、国际专利12项,6项发明专利实现转让或转化,校企合作的产业化项目获得浙江省科技进步三等奖1项、中国产学研合作促进会创新成果优秀奖1项、浙江省化工科学技术三等奖1项、宁波市科技进步三等奖3项。2020年彭老师入选教育部产业导师库技术技能大师,是全国石化行指委推荐的两名大师之一。

二、学校管理案例

案例一:有效课堂认证(宁波职业技术学院)

课堂教学是人才培养的主渠道。无论是教育的宏观政策还是一个专业的内涵建设,最终都需要通过高质量的课堂教学来发挥作用。

宁波职业技术学院早在 2005 年就在全国率先启动全体教师参与的教师职业教育教学能力测评工作,从传统的知识本位教学转向现代职业教育的能力本位教学。历经 10 余年,基本完成了教师向能力本位教学的转变,逐步解决了课程教学设计的问题,拥有了培养合格职业院校教师的能力。根据该成果提炼的"创新高职教师培训模式 提升职业教育教学能力"曾获 2014 年浙江省高等教育教学成果奖一等奖,"行动导向的高职院校教师职业教育教学能力提升探索与实践"曾获 2014 年职业教育国家级教学成果奖二等奖。

2015 年,宁波职业技术学院启动"课堂教学创新行动计划",开展全员参与的"有效课堂认证"工作,提出课堂要有效率,让学生学起来。引导教师对照认证标准的要求,进一步反思、改进自己的课堂教学,最终达到提升教学能力、提高课堂教学质量的目的,淘汰"水课",打造职业教育"金课"。引导学生主动学习、热爱学习,激发学生的内在需求,培养他们自主学习的意识和能力,真正实现课堂教学高质量、高效率,把教育教学改革切实落地到课堂"最后一公里"。

为此,宁波职业技术学院以学校和二级学院教师发展中心两级架构为主体,全面提升教师教学能力,并依托全国现代教育技术师资培训基地开展面向全国教师的教师教学能力提升培训,助推职业学校"课堂革命",将课程教学改革推向纵深。

至今宁波职业技术学院完成 11 批认证工作,组织认证专家参加 78 次课程设计评审会,评审 580 余门课程的整体设计,深入课堂推门听课 1200 余次,299 名教师通过认证,除 2 年内新进教师外专任教师有效课堂通过率达到 87%,125 门课程获得"课程思政"教改立项,10 门课程参评省课程思政示范课。认证课程要求建设网上学习资源,因此教师的信息化教学能力明显提升。

宁波职业技术学院的有效课堂认证引起了全国各地许多中高职院校的关注,参训教师遍及全国各地。来校交流的许多高职院校都把有效课堂认证作为交流主题之一,通过由宁波职业技术学院提供的定制式培训,不断促进教师教学能力提升。

案例二:"双师型"教师培养(浙江纺织服装职业技术学院)

一、建设基于专业群的"双师型"教师培养培训基地

按照区域行业分布、专业学科特点,联合雅戈尔、博洋、太平鸟、维科等纺织服装行业领军企业,建设与专业群对口的"双师型"教师培养培训基地。将设置在企业内部的基地作为教师培养的核心载体,采用"双薪双向"的机制,校企共同承担"六个任务":成立教师培训委员会、建设企业工作站、编写专业教材、开展师资培训、开发专业课程和开展技术攻关。

二、设置任务式团队学习的访问工程师校企合作项目

以解决企业实际技术难题为任务,设置访问工程师校企合作项目。组建教学创新团队或者科研创新团队,采取以问题为导向的任务式团队学习模式,合作组建"双师型"教师培养培训企业工作站,选派若干对口专业教师入驻,开展"团队下企业"项目。近三年累计选派省级访问工程师 35 人,2020 年省级访问工程师校企合作项目以全省综合分第一的成绩获得一等奖。

三、开展以大师工作室为核心的教师版"师徒带教"项目

行业企业专家参与开发了"网络营销综合实践""网店运营与推广""电商数据分析"等10余门课程,2019年潘超宇技能大师工作室还获得了教育部技能大师工作室项目认定。

案例三:"三阶三渠三维"教师成长阶梯(温岭市职业技术学校)

近年来,温岭市职业技术学校学生规模保持在6000人左右,专任教师将近400人。这支经过3所学校整合形成的庞大教师队伍,存在着复杂的发展困境:一是师资梯队衔接失序,部分专业年轻教师占比达90%以上,专业带头人培养速度落后,如商贸、烹饪、服装等;二是专业教师发展极度"内卷",亟需拓展发展空间,如机电、会计等;三是部分学科教师年龄整体偏大,教师发展动力不足,如语文、计算机等。如何构建合理的发展策略,精准突破师资队伍发展瓶颈,是摆在学校面前的重要课题。为此,学校充分挖掘自身及周边资源,以产教融合为基石,以省内外名师工作室为依托,着眼师资发展的"内驱塑造",引进企业项目,构建起教师成长的"三阶三渠三维"阶梯(图1)。

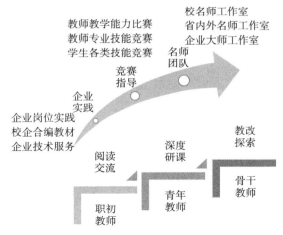

图1 校企融合下的"三阶三渠三维"教师成长阶梯

显然,突破目前师资的困境,单纯依靠中职学校自身能力作用有限。充分挖掘学校周边资源,以产教融合为基石,以省内外名师工作室为依托,凝心聚力构建中高职和企业合力培养师资的平台,是未来中职学校师资培养的主要方向。我们认为,着眼师资发展的"内驱塑造",引进企业项目,以点带面,以项目带团队,才是触发师资整体性提升的关键。为此,需要构建起校企融合下的教师成长"三阶三渠三维"阶梯,促使年轻教师走出迷惘区,骨干教师走出懈怠区,老教师走出安逸区,使不同阶段的教师在教学改革能力、教科研能力等都得到积极发展。

(1)党建引领文化护航,推进"四化一体"师德师风建设(图2)。以党建构建师资成长的精神内核,培育积极向上的战斗型教师团队。学校在各专业群里创建了党小组,提升凝聚力,塑造良好的教师文化氛围,打造教师发展的核心团队。

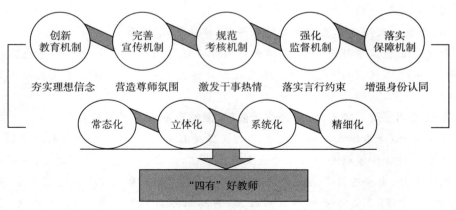

图 2　推进师德师风建设

（2）充分发挥教研室效能，营造良好教师成长环境。学校通过建设教师成长互助小团队，营造积极向上的生态校本教研氛围，形成"互学互促，互竞互帮"的"四互"教师成长环境，着力打造"三业"（敬业、职业、专业）的职初教师队伍、"三型"（行家型、巧匠型、创新型）的青年教师队伍、"三化"（多能化、智慧化、社会化）的名优骨干教师队伍，助力教师完成"新苗—新秀—新锐"的"三新"蜕变（图 3）。

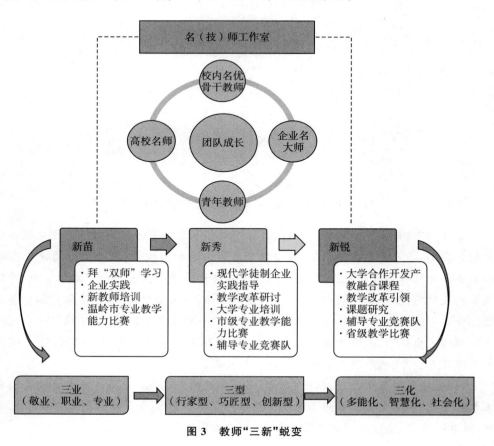

图 3　教师"三新"蜕变

名(技)师工作室以产教融合项目为内驱,成为研制的平台、成长的阶梯、辐射的中心,深度推动教师团队的建设。2021年,学校以省名师工作室为核心,获评1个省级创新团队,各名师工作室助力企业完成19项技术改革。各工作室和企业合作,在"长学制""现代学徒制"等领域进行了高质量的教科研工作,2021年获得省教学成果奖一等奖1项、二等奖1项、省教科研成果三等奖3项。

(3)完善校企共育机制,"岗课赛证"融通提速课堂革命。"岗课赛证"中"课"是融通的核心与载体,是课堂革命的关键要素,这就对教师的能力与素养提出了更高的要求。新形式新要求下,首先需要打造"岗课赛证"四位一体的双师型团队。其次要完善校企共育机制,每学期固定时间选派专业课教师进入合作企业参与技术研发,同时优化兼职教师聘任与管理办法,柔性引进企业工匠和技术能手作为兼职教师指导专业建设与发展(图4)。

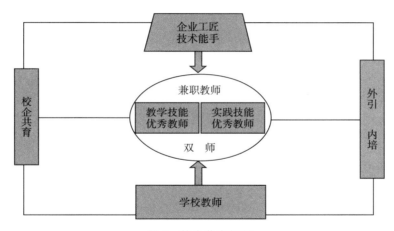

图4 校企共育机制

更为重要的是通过组建细化的课程团队,依托"政府赛+行业赛",以"任务书+工作页"为基本模式,实现企业实践项目校本化。以"赛"促学,引入高质量职业技能等级证书,落实"1+X"证书机制;以"证"促训,推行项目化教学,实施项目化评价模式。同时为保障充足的赛事资源,积极实施"走出去"的战略,深化校企融通机制。

(4)通过产教融合发展,形成良好的教师发展生态群落。促成教师群体的良性成长,是"三阶三渠三维"阶梯的重点目标,中职校需要培养优秀的骨干师资、专业带头人,需要建立校企双向流动常态运行机制(图5),拓宽互鉴交流平台,健全协同培养机制。

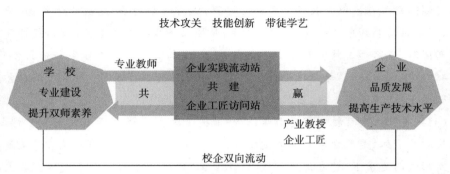

图5　校企双向流动常态运行机制

第三节　高等教育教师专业发展实践案例

一、教师个体案例

案例一：扎根故土，奉献家乡的教育工作者

【人物名片】余厚洪，中共党员，博士，丽水学院民族学院（华侨学院）副院长、副教授，浙江理工大学硕士生导师，曾任中文系教师党支部书记。国家级速录师，SYB创业培训师，中国民俗学会、中国少数民族文学学会会员，浙江省文学学会理事，丽水市机关首批"红色讲师团"成员、市第一批"社科新秀"、市宣传文化系统"四个一批"（理论）人才、市瓯江诗派研究会研究员。曾获浙江省援疆工作先进个人、事业家庭兼顾型先进个人、最受师生喜爱的书记、在线教学优秀教师、优秀班主任、社会实践优秀指导教师等荣誉。

一、怀瑾握瑜尽显儒士风华，履践致远扎根家乡热土

余厚洪老师有纯洁而高尚的品德，他不仅温润如玉，平易近人，而且还追求卓越，脚踏实地，通过实践来实现自己的理想。

在课堂教学方面，他以学生为中心，常常会列举一些具体的例子，展示图片等，让讲座妙趣横生，学生听得兴致盎然。而在讲课时，他不是纯粹地去讲书本上的知识，或者仅讲PPT上的内容，而是用心去感觉学生可能需要什么，对什么感兴趣，就努力往那个方向去做，如此一来，学生跟他关系好，特别亲近他。在课堂之外，余厚洪老师会去帮助同事提升讲课的质量，助力同事更上一层楼。如果有学生做项目或者是社会实践活动来找他做导师，他一般不拒绝，尽自己最大的能力去做，去跟学生交流，给出一些观点和建议。他教书育人，热爱事业，追求内在美；为人谦虚，有纯洁而高尚的品德,彰显儒士风范,就像一抹淡淡的花香,清雅而持久,影响了路过的人。

《围炉夜话》所言:"为学无间断,如流水行云,日进而不已也。"要积极进取,学而不厌,余厚洪老师用实际行动将这句话诠释到底。早期,他响应国家号召,支援新疆阿克苏地区,脚踏实地,"将论文写在新疆的土地上",为今后的教学工作打下扎实的基础。作为一名大学老师,他认为教师不仅要做好自己的本职工作,教书育人,还要去做学术研究,有意识地去认识教育现象、探索教育规律、构建教育理论,加强自己的专业素养和学术能力,进而服务教育实践。2020年暑假,余厚洪老师带队开展浙江省少数民族传统文化传承发展和创新交融的专题调研,研究报告的相关内容被浙江省民族团结进步事业"十四五"规划所采纳。之后,余厚洪老师还专门对瓯江历代山水诗进行整理和研究,曾在瓯江山水诗派研讨会上做过专题发言。他坚信奋楫笃行,臻于至善;他从不止步于眼前,而是不断学习,不断进步。

"为什么我的眼里常含泪水?因为我对这片土地爱得深沉。"艾青如是说。余厚洪老师自丽水师专汉语言文学专业毕业后选择留校工作,经历了考研与读博的他,带着满腔热血回到这里任教。研究地方文化课题,实地考察古镇,撰写"诗画丽水""丽水好家风""丽水民宿故事"等主题系列文章。"纵使他乡万盏灯,不抵故乡当头月",他热爱家乡,为丽水教育事业的发展作出了重大贡献。他走遍了家乡的每寸土地,一头扎进丽水,为家乡奉献自己!

二、饱学之士学而不止,为师为民如是而已

2022年6月22日,余厚洪老师收到了来自国家民委全国少数民族古籍整理研究室寄来的聘书,聘请他为"全国少数民族古籍专家库"专家,这份聘书背后印证的是余老师多年来在民俗学上打下的深厚基础。

早年中文系创办文秘专业的时候,因为师资紧缺,他主动去进修文秘方向的课程。再后来他的研究方向转移到民俗学研究方面,"勤者读书夜达旦,青藤绕屋花连云",可以说余老师的学习之路是持续的、不间断的。

丽水一些县城的乡村有自己独特的畲族文化,这也成了丽水这块浙西南宝地独有的民族文化名片。在丽水市和民族学院希望大力推进民族文化研究、推广丽水乡村民族文化这样一个背景下,作为一个对少数民族文化研究有浓厚兴趣的学者,同时又作为一名热爱乡村故土的丽水人,他全身心地投入畲族文化的研究中去。

从2012年发表《文献视域中的处州畲汉两族女神崇拜探究》开始,余老师对畲族文化的研究越来越深入。畲族民间留存了许多文书档案,量大而又驳杂,加之散存于各村落,因此,需要他一次又一次地四处奔波。但这并没有使余老师停下研究的脚步,随着《清代处州畲族民间田契的分类与特色探析》《松阳蓝氏分关书中的畲族记忆探析》《档案记忆与族群凝聚——以畲族历史档案为中介的考察》等诸多研究文章的发表,他的畲族历史档案研究取得了不错的成绩。

除此之外,为了支援边疆地区教育工作,余厚洪老师曾被省教育厅选派赴新疆开展少数民族双语教师培训工作,担任支教团教科研负责人。在距离家乡丽水3845公里的阿克苏地区,余老师坚守了700多个日夜,用毕生所学为边疆教育事业发展奉献自己的力量。用知识跨越山海,余老师将新疆师生与浙江省西南部的绿谷紧紧联系在一起。

近年来,余厚洪老师还专门对瓯江历代山水诗进行整理和研究,曾在瓯江山水诗派研讨会上做过专题发言;为了大力弘扬和践行浙西南革命精神,余老师和支部的其他党员共同承担了"浙西南革命精神与地域文化发展研究"项目。在《人文大讲堂》采访栏目里,他对浙西南革命精神进行了思考,表达了自己的希望。

三、师者情怀润桃李,芳华尽处散清香

余厚洪老师总是保持着谦逊的态度,如春风般,沁人心脾。他似乎有一种魔力,深受学生喜爱,让学生对他钦敬有加。在教学方面,余厚洪老师强调要把教与学紧密联系在一起,要以学生为主体,以学生的需求为中心。他提到了自己为师者的个人习惯,当他察觉到学生需要什么,对什么感兴趣,自己便努力地沿着这个方向去做。余厚洪老师始终认为只有被学生喜欢,才是一个好老师。

余厚洪老师心里充满温暖和善意,尊重和关心每一个学生。他并没有高高在上地端着老师架子,而是走进学生的学习生活日常,平等地与学生交流相处。当被采访问到在教育教学中对其最有帮助的人或事时,他不仅提到了自己的导师、同事、家人,还特别指出学生也指引自己做得更好。

而在家庭关系方面,余厚洪老师曾被评为"事业家庭兼顾型个人",这侧面印证了事业上的顺利不一定是需要牺牲家庭来换取,也可以是二者相互促进共同发展。"其实人生就像走钢索,当你最平衡的时候,就是你最成功的时候。"在余厚洪老师看来,事业和家庭就是天平的两端,事业的成功离不开家庭的支持,家庭的和谐能促进事业的发展。

余厚洪老师和妻子便如此坚信,他们是文理结合的最佳伴侣,也共同从事着"太阳底下最光辉的职业",同窗义同乡情让他们彼此联系得越来越紧密,最后也走入了同一个家庭。在事业上,妻子鼎力支持着余厚洪老师,他们一有空就结伴而行,去做田野调查。回归家庭后,余厚洪老师会主动分享自己在工作中遇到的烦忧和快乐,乐于分享和沟通的家庭氛围不仅增加了夫妻感情,让妻子这个数学老师对文学、历史、文化感兴趣,也让女儿更加了解自己的工作,整个家庭和谐共进,其乐融融。师者情怀润桃李,芳华尽处的清香浸润着家庭。

案例二:怎样做一个懂教学会管理的高校教师(自述)

【人物名片】某高校陈教授,曾任二级学院院长,博士、教授,博士生导师,入选浙江省首批青年科学家、浙江省高校中青年学科带头人,宁波市领军拔尖人才工程第一层次培养人才。长期从事新能源汽车动力电池安全、疲劳强度可靠性研究工作,主持国家自然科学基金、国际科技合作交流项目、浙江省自然科学基金、浙江省公益性技术应用研究计划项目等课题项目20余项,作为第一作者或通信作者发表SCI/核心期刊论文21篇,授权发明专利35项,参与制定标准4项,荣获浙江省教科研先进个

人等荣誉 30 多项。

我本科毕业以后,在上海一家历史很悠久的大型电机厂上班做技术研究,负责画大型滑动轴承的图纸,那时候工作挺开心的。但不得不提的是,我本科毕业的时候,本来首选当老师,因家人建议说男孩子应该去学点技术,练真本领,所以我先去厂里待了两年。机缘巧合,两年以后考研考回了原来读书的地方——浙大。

读完研以后我心中还是想着当老师,觉得当老师一是能教书育人,培养学生;二是能静下心来做一些研究。我研究生毕业以后到大学里授课,那时候跟学生们感情特别好,最要好的朋友是我的学生,有什么问题和学生一起讨论。我是一个比较讲规矩,工作用心的人,所以学校也送我去市科技局高新处挂职。挂职的时候,碰到中国科学院材料所来送材料的人,他们都是博士,所以我在挂职一年多以后,又觉得还是应该继续提升自我,于是一边挂职一边准备考博。挂职还没结束,我就考上了。挂职结束以后,学校问我要不要去科技处,我说要读博士,我想在学术领域再好好学习,提升自我。

读博时我遇到的导师非常好,她不仅带领学生做研究,更给予全面的指导,包括思考方式、人生经验方面的很多指导。她认为,做事要做就做到最好。找工作的时候请她写推荐信,我已经写了一页纸初稿,我觉得她签个字就行,但她又整整写了一个下午。她针对我的个人情况进行修改,改得完全不一样,说出自她笔下的东西拿出去不能丢人,这就是她的性格。她不仅仅是嘴上这么说,行动上也这么做,就这样潜移默化地影响着我。后来我工作中也这样,觉得要拿出去,只要经过我手就不能丢人,不能有负所托。读博期间,我们同门之间也相互照顾,是一种类似家庭的氛围,对我来说是一段特别美好的回忆。

谈到教师专业成功的经验,第一是你能够用心去做事情,用心去做才能把事情做好。第二是你既要有自己的方向,也要有自己的创造。读完博士回来以后,学校比较重视我,我也拿到国家基金,38 岁就评上教授。当然这有很多机遇跟运气成分,但也需要好好去努力。

教师工作很忙,作为管理者应该把工作布置恰当,按照轻重缓急来适当分配时间。首先对人来说就是可以对个人进行评估,将整体的工作进行分解,针对工作性质与个人所长做好分配,让合适的人做合适的事,让应该做的人做应该做的事,让将来要做的人提早准备参与做这个事,然后形成合力。有些事情不是一个人做的,那就"拉群",提高效率,进行清单化管理。

教师与管理者有所不同,在不同岗位最大的感受就是对学院各种事务的思考不一样了。比如别人说学院一点点不好,我都会很难受。如学生就业率不好,会直接找同事探讨为什么不好,会想着改进它。我很在乎学校对分院的评价,在意学生出去以后是否得到企业的认可,在乎学生的感受。如果有人跟我反馈管理服务不佳,还不如专升本的学校服务好,我会很"郁闷",会跟同事提出批评意见。管理上要求更高,我觉得这个不容有失,当然因此我的工作会变得更忙碌。有些时候同事也会有压力,但他们都能理解,因为只有你把工作做好,大家才能得到发展,师生才能得到进步。

案例三:"教育-科研"互促的实践者

【人物名片】桑老师,2016 年博士毕业进入某学院工作,2017 年在企业做博士后研究,先后到东京工业大学情报理工学院、罗马尼亚科学院固体力学研究所等地进行交流学习,提升自身教学水平、科研实力和双师素质。他曾指导学生参加"挑战杯""互联网十""职业生涯规划"等各级各类竞赛,累计获奖 15 项,并多次获得"优秀指导教师"称号。

德为师之本。作为一名教师,桑老师始终秉持立德树人的育人理念,切实践行新时代教育工作的根本方针,积极贯彻"四有"好老师的具体要求,以身作则,做学生锤炼品格、学习知识的引路人。他注重学生思想品德发展与道德情操培养,引导学生树立正确的世界观、人生观,积极践行社会主义核心价值观;他不断更新自己的知识储备,努力提高自身教学水平;他注重学生个性化特点与需求,做到因材施教;他充分挖掘学生的优势和长处,帮助他们更好地成长与发展。

桑老师还致力于提高学生的创新思维,鼓励学生多多参与科技创新和实验项目,并亲自带领学生参加各类大学生创新创业竞赛,在实操中激发学生的创造力,提升他们勇于尝试、乐于探索的能力。在学生实践能力的培养过程中,他注重体验式学习,通过让学生亲身参与社会实践、科研项目、实习活动等,来提升他们的实际操作能力。

作为工业机器人技术专业带头人,桑老师利用自身的技术研究,先后在学校成立研究所,从事患者康复护理机器人系统开发和产业化相关研究工作。在充分调动专业教师开展科研社会服务积极性的基础上,强调通过科研反哺教学,通过带学生参与科研服务,参加"挑战杯"、"互联网十"等比赛,以赛促学、以赛促教、以赛促创。深耕智能转运护理技术 13 年,桑老师研发了四类八款智能转运护理装备,帮助企业获批二类医疗器械注册证 2 项,实现产品的产业化,有力推动了该行业的技术革新。

学生们的成长离不开老师的悉心教导,社会的进步离不开众多学者和技术人员的辛苦付出。任教 8 年来,桑老师积极承担社会责任,不断尝试新的研究领域和方向,助力科技和医药学不断进步与发展,始终在为国家教育事业与科研发展贡献自己的力量。

二、学校管理案例

案例一:让工程教师快速成长的"双百工程"

根据《浙江省地方高校新兴战略产业新工科教师分类发展方案》,宁波工程学院结合专业试点,不断探索新工科教师发展的途径和模式。首先,确立了应用型师资培训学分制,形成了包括培训形式、培训学分要求及考核方式等内容的师资培训机制,并在学院内推行使用;其次,结合出台的《"双百工程"实施办法》《宁波工程学院"双师双能型"教师队伍建设暂行办法》,完善了职称评聘办法、基层教学组织建设等相关制度,创新教师培养途径,通过产教、科教融合工程扎实推进应用型师资培养,同时将项目化教学改革纳入基层教学组织考核范畴,确保教师成长与人才培养需求相适应。学校形成了汽车产业学院"三园融合"和机器人学院的"两院一园"办学模式,通过校企联合教师培养,实现教师资源共享,完成师资队伍重组,切实提高了人才培养的行业需求契合度。

为解决浙江省地方高校新工科师资的国际化水平不高,培养国际通用人才并树立高校自身的国际化标识有待加强的问题,2019年5月,浙江省成立了宁波工程学院"一带一路"科技教育交流合作中心和"一带一路"工学院联盟,秘书处设在宁波工程学院,首批成员单位75家,其中国外高校、研究院20家。

宁波工程学院推行校院两级"教学创新团队""双百工程",建立校企师资互动机制,提升教师的产教融合水平。学校教学创新团队建设的主要做法是通过校院两级打破传统的基层教学组织安排,突破专业壁垒,建立课程组,一位教师可以参加多个课程组,从而形成专业融合的教学集体,教师产教融合渠道得以拓宽。同时,学院自主邀请企业工程师作为学生导师和教学团队成员。除了教师个人主动下企业,学校通过"双百工程"(百名博士百名教授进企业)成建制地推动教师参与企业的技术研发,并将企业经历转化为教学资源。"双百工程"侧重于锻炼教师的应用研究和工程实践能力,已有5批共109名博士、教授下企业,生成了200多个工程实践项目教学案例,培养了一支高水平的应用型师资队伍,其中"双师双能型"教师占比65%。

案例二:让来自企业的教师融入教师角色

某高校专业实践课程的教师大多来自企业,缺乏对教育的理解,学校为了帮助来自企业的教师尽快融入教师角色,采取了一系列措施。

学校专门成立了"教师发展中心",为新入职的企业教师提供定制化的培训课程。这些课程包括教育心理学、教学方法与技巧、课程设计与评估等。比如张老师,通过参加这些培训,系统地学习了如何根据学生的认知规律进行教学设计,如何运用多种教学手段激发学生的学习兴趣。张老师感悟道:"这些培训让我明白了教育不仅仅是传授知识,更要关注学生的成长和发展,这让我在教学理念上有了很大的转变。"

同时,学校实施了"导师制",为每位新入职的企业教师安排一位经验丰富的校内教师作为导师。导师与新教师进行一对一交流和指导,分享教学经验和心得。王老师在导师的帮助下,逐渐掌握了课堂管理的技巧,学会了如何引导学生积极参与课堂讨论。王老师感慨道:"导师的指导就像一盏明灯,让我在迷茫中找到了方向,让我能更快地适应高校的教学节奏。"

经过校本培训后,他们意识到作为教师,不仅要传授知识和技能,更要承担起培养学生的责任。他们认同人人都能成才的教育理念,意识到每个学生都有独特的潜力和天赋,每个学生都值得受到关注和培养。他们了解到自己的价值和满足感来自学生的成就和进步,以学生发展为中心,关注学生的个性发展和全面成长,通过不同的教学方法和策略,满足学生的学习需求,激发他们的学习动力,帮助他们获得身心发展,实现成功。

此外,学校还鼓励企业教师参与教学改革项目和科研项目。李老师凭借在企业的工作经验,参与了一项与企业合作的实践教学改革项目,将企业的真实案例引入教学,不仅提升了自己的教学水平,还为学校的教学改革做出了贡献。李老师表示:"参与项目让我把企业的实践和高校的理论教学更好地结合起来,也让我感受到了自己在教育领域的价值。"

思考题

1. 如何构建、打造教师实践共同体?

2. 名师工作室如何建设及运行?

3. 来自企业的教师如何扮好教师角色?

4. 组织是否需要保持学习? 如何实现学校组织学习?

5. 数字化如何赋能教师专业发展实践?

推荐阅读

1.〔美〕克里斯·阿吉里斯(Chris Argyris)著,张莉、李萍译《组织学习》,中国人民大学出版社,2011。

2. 北京大学教师教育中心编《中国名师工作室发展报告》,现代教育出版社,2015。

3. 周南照、赵丽、任友群主编《教师教育改革与教师专业发展:国际视野与本土实践》,华东师范大学出版社,2007。

4. 中华人民共和国教育部《关于发布〈教师数字素养〉教育行业标准的通知》(教科信函〔2022〕58 号)。

第七章　教师专业发展的未来方向

　　面向未来,随着生成式人工智能、大数据、虚拟现实、数字化等技术的快速发展,未来教师专业发展将呈现出技术融合与智能化教学、角色转变与跨学科教学、终身学习与持续化发展、国际视野与跨文化交流、教师健康与幸福成就感等多方面特点。首先,未来教育手段和方式将发生重大变化,这就需要教师熟练掌握各种教育新技术,并将其有效运用到教学中,为学生创造更丰富、更具吸引力的学习体验。其次,未来呼唤创新,教师要鼓励学生大胆探索、勇于尝试,而这就需要教师自己先具备创新的意识和能力。再次,未来要求教师具备更广阔的知识视野和跨学科整合能力,教师不能仅仅局限于自己所教授的学科领域,而要广泛涉猎多学科知识,能够引导学生在不同学科之间建立联系,培养学生的综合素养和系统思维。同时,未来使教师有条件更好地关注每个学生的独特需求和发展路径,教师要深入了解每一位学生,因材施教,帮助学生充分发挥自己的潜力。最后,未来的影响是全球性的,教师要培养学生的国际视野和跨文化交流能力,让学生能够在未来的全球化舞台上自信地展现自己。第46届达沃斯世界经济论坛年度报告《工作的未来》(*The Future of Jobs*)指出了未来教师的六种身份:好教育的专业推介者、公众情绪的管理者、学生自主发展的推进者、课堂有效学习的发动者、新教育形态的创生者、精准教学个性化教学实践者。[①] 中国教育科学研究院党委书记、院长李永智认为人工智能催生教育变革,必须把数字素养作为教师的必备素养,关注教师数字素养提升,鼓励教师利用人工智能、大数据等新技术创新课堂教学。[②] 湖南师范大学校长刘仲华认为未来教师角色将出现分化,需要共同探索构建基于人工智能视觉识别的教师能力评价体系。[③]

　　面向未来,在"学生中心"、人工智能、组织视角下,随着知识观的革新、教育教学方式的重塑和教师角色的转变,教师专业发展将是一个动态发展、不断创新的过程。教师需要不断更新教育理念、提升专业能力、转变角色定位以适应新的教育需求,采

[①] 师曼,刘晟,刘霞,等.21世纪核心素养的框架及要素研究[J].华东师范大学学报(教育科学版),2016,34(3):29-37,115.

[②] 中国教育科学研究院.中国智慧教育发展报告(2023):迈向数字教育的高级阶段[M].北京:教育科学出版社,2024.

[③] 王湘蓉.创新人才识别只是第一步,培养是关键:专访中国工程院院士、湖南师范大学校长刘仲华[J].教育家,2024(12):25-27.

用智能化辅助教学、互动式课堂教学、跨学科融合教学、伦理与安全教育等多种具体的教学方法来适应并推动教育的变革与发展。这些方法不仅有助于提升教学效果和学生的学习体验,还能促进教师专业成长和发展。

第一节　学生中心视角下的教师专业发展

在新时代的教育背景下,学生中心的理念已经成为教育改革的重要方向。赵炬明的《以学生为中心:当代本科教育改革之道》一书为我们提供了深入理解和实践这一理念的重要视角,提出了"新三中心"理论,认为"以学生为中心"的模式具有三个基本特征:以学生发展为中心、以学生学习为中心、以学习效果为中心。[①]本节内容将主要探讨在学生中心视角下,教师专业发展的关键要素、实践路径以及面临的挑战。"学生中心"强调将学生的需求、兴趣和发展放在教育教学的核心位置,这一理念不仅关注学生的知识获取,更注重培养学生的自主学习能力、创新思维和综合素养。

温州某小学担任语文教师的陈老师对学生中心视角下的教师专业发展提出了自己的困惑与看法。陈老师认为,学生之间的差异是由家庭、社会等多方面原因共同造成的,教师要遵循学生身心发展的客观规律,尊重个体差异,给足耐心,为学生创造一个包容、宽松的环境,为不同能力层级的学生匹配属于自己的发展空间。从传统知识的传授者向学生学习的引导者的转变需要多方的配合,除了依靠教师之外,有效的"家-校-社"体系构建也是"学生中心"视角下教师专业发展的必要环节。

学生中心视角下的教师专业发展需要具备一些关键要素:

(1)学生导向的教学与设计能力:教师需要深入了解学生的需求、学习风格和兴趣,以此为基础设计个性化的教学方案和灵活的教学方法。

(2)持续学习与专业成长:教师要不断更新自己的知识和教学观念,适应教育领域的新发展和新要求。

(3)反思与评估能力:教师需要定期反思自己的教学实践,通过评估学生的学习效果来调整教学策略,提高教学质量。

(4)良好的沟通与合作能力:与学生、家长和同事建立良好的沟通渠道,形成教育的合力。

学生中心视角下教师专业发展面临一些挑战:

(1)学生个体差异:学生的学习能力和兴趣各不相同,教师需要关注个体差异,提

---

① 赵炬明.以学生为中心:当代本科教育改革之道[M].北京:北京大学出版社,2023.

供多样化的学习支持。

（2）教学资源与环境：学校需要提供丰富的教学资源和良好的教学环境，支持教师实施"学生中心"的教学。

（3）教师工作压力："学生中心"的教学要求教师付出更多的时间和精力，学校应给予教师适当的支持和激励。

（4）教育评价体系：传统的教育评价体系可能不适应"学生中心"的教学理念，需要建立更加全面、多元化的评价体系。

总之，学生中心视角下的教师专业发展是新时代教育发展的必然要求。教师应不断提升自己的专业素养，转变教学观念和方法，以适应学生的需求和社会的发展。教师可以根据学生的兴趣和需求，设计个性化的课程内容。例如，某小学一位语文老师发现学生对古代神话感兴趣，于是设计了一系列关于古代神话的阅读和写作活动，让学生在兴趣的驱动下深入学习。

教师可以采用以学生为中心的教学方法，如小组合作学习、问题解决式学习等。比如，科学老师组织学生进行小组实验，让学生通过合作探究来学习科学知识。

教师可以采用多元化的评价方式，关注学生的学习过程和成长。例如，教师不仅通过考试评价学生的知识掌握程度，还关注学生的课堂参与、作业完成质量等方面。

教师可以积极参加培训和学习活动，不断提升自己的专业素养。例如，某数学老师参加了数学教育的研讨会，学习了新的教学理念和方法，并将其应用到课堂教学中。

教师可以定期进行教学反思，根据学生的反馈和学习效果调整教学策略。例如，教师在课后回顾教学过程，思考如何改进教学方法，以更好地满足学生的学习需求。

一、把握新时代教育评价要求

教育评价是教育教学过程中的重要环节，它对于提高教育质量、促进教育公平具有重要意义。在新时代，教育评价的要求也在不断发展和变化，如对于评估内容的要求正在从教学评估向教育教学评估转变。教师作为教育教学的主体，需要准确把握这些要求，以适应新时代教育的发展。

（一）教育评价的多元化

新时代的教育评价不再仅仅关注学生的学业成绩，而是更加注重学生的全面发展。这就要求教师在教学过程中，不仅要关注知识的传授，还要注重学生品德、思维能力、创新能力、实践能力、社会责任感等的培养。教师要学会运用多种评估方法，如形成性评价、总结性评价、表现性评价等，全面客观地评价学生的学习成果。考试、测验、作业、作品展示、实践操作、问卷调查、访谈、观察等多种方法相结合,综合考量教育成效。

(二)教育评价的个性化

新时代的教育评价要求教师更加关注学生的个体差异,根据学生的特点和需求,制定个性化的评估方案。如对于擅长动手实践的学生,可以通过实践项目的完成情况来评价;对于有艺术天赋的学生,通过艺术作品的创作和展示来评价等。教师教育教学可以采用分层教学、个别辅导等方式,满足不同学生的学习需求,使每个学生都能在原有基础上得到发展。

(三)教育评价的信息化

随着信息技术的飞速发展,教育评价也逐渐走向信息化。教师要熟练掌握信息技术手段,利用大数据、人工智能等技术,对学生的学习进行实时、精准地评价。同时,教师还要注重培养学生的信息素养,提高学生利用信息技术进行学习和自我评价的能力。如教师可以利用在线教学平台对学生进行作业批改和成绩分析,及时了解学生的学习情况,为教学提供依据。随着"五育并举""五育融合"育人实践的不断推进,浙江各地许多高校对学生的德、智、体、美、劳五个方面开展多元化评价,并且配套上线"综测赋分"系统,学生自行录入,管理员端审核,系统自动测算生成学生综合素质评价结果,评价结果作为学生评奖评优的直接依据。同时形成个人成长数字自画像,全面呈现学生整体数据,突出弱项与短板,供相关教师和学生管理部门全面、动态掌握学生发展情况,进行针对性的学业、身心帮扶。

(四)教育评价的反馈性

教育评价的目的不仅是评价学生的学习成果,同时,教师也要根据评价结果,反思自己的教学,调整教学策略,提高教学质量。

(五)教育评价的专业性

教育评价是一项专业性很强的工作,需要教师具备一定的评价知识和技能。教师要不断学习评价理论和方法,提高自己的评价能力。同时,学校和教育部门也要为教师提供相关的培训和支持,促进教师专业发展。如学校可以邀请专家为教师开展评价培训,提供评价工具和资源,帮助教师更好地开展教育评价工作。

综上所述,新时代的教育评价要求教师具备多元化、个性化、信息化、反馈性和专业性等方面的能力。教师只有准确把握这些要求,不断提高自己的专业素养,才能更好地服务学生的成长和发展。

【延伸阅读】增值评价——教育评价改革的方向

请扫码阅读：

二、建立新时代新型师生关系

新时代背景下，教育正处于一个重要的转型期。在这一转型时期，为了实现立德树人的目标，我们必须关注学生核心素质的培养，推动他们全面发展，提高教育质量。这不仅需要教师们改变传统的教育观念，更新自己的教育方法，更需要建立起新型的师生关系以适应和应对教育方式、模式的转型发展。新时代，需要构建一种平等、尊重、信任的师生关系。老师不再仅仅是知识的传授者，更是学生成长道路上的引导者、陪伴者和启发者。在这种关系中，师生能够平等对话，相互倾听，彼此理解；教师善教，学生乐学。

因此，新型师生关系的建立是现代教育发展的基础。随着网络和信息时代的到来，教师在教育中的地位和作用已经发生了变化，建立新时代新型师生关系不仅是新课程实施和教学改革的前提条件，也是重要的内容和任务。在学生的视角下，新时代的教师应该从传统的"知识传授者"转变为"引导者"和"协助者"。与此同时，教师要在师生相处中关注学生的个性特点和需求，积极引导学生参与课堂讨论和合作学习，激发他们的学习主动性和创造力，培养他们的自主学习能力和问题解决能力，让学生从被动接受者转变为主动参与者。

以思政课程为例，对于非法学专业的学生而言，思政课程是进行法律知识学习与法治素养提升的重要渠道，但当前许多高校并未发挥好思政课堂的主渠道作用，仍保持着传统模式，教育的内容拘泥于书本教案，通常以教师为主导，以单方口头讲解输出为主，与学生互动少，导致学生无法有效运用课堂所学法律知识解决实际问题，加之传统课堂的低趣味性，更加导致许多学生认为思政类课程是"水课"，缺少"干货"，于是成为课堂上的"低头族"，严重影响了教师"教"与学生"学"的积极性。

建立新型师生关系需要师生之间的互信和合作。教师应该了解学生成长需求，为他们提供必要的指导和帮助。教师对于学生而言，有着天然的权威优势，这意味着教师要在互信和合作的关系建立过程中付出更多，以自己的人格魅力和知识来赢得学生的尊重，以学生为中心，给予他们充分的表现和表达自己的机会，在课堂内外友好交流和分享。通过这样的尊重和平等对待，我们能够建立起一种富有情感沟通和信任的师生关系，为学生提供更好的学习环境和发展平台。

建立新型师生关系需要教师和学生的共同努力。教师要转变自身的角色，引导学生主动参与学习,激发学生主动参与学习的热情。教师所给予学生的不仅仅是书本知识,更重要的是教会他们学习方法、生活态度和科学民主的思维方式。此外,教师也要不断向学生学习,激发师生共同学习的愿望,实现教学相长。

三、关注每个学生的全面发展

美国心理学家布鲁姆曾指出:"很多学生无法取得优异成绩,并非因为他们智力不足,而是因为他们未得到适当的教学条件和合理的帮助。"这就要求教师根据学生的不同特点,挖掘他们的潜力,采取因材施教的方法。教师不应对"后进生"另眼相待,更不能嘲笑或挖苦他们。对于每一个学生的点滴进步,都应当及时给予表扬,他们的亮点和潜能有待发掘,不能因为他们的成绩不够优秀就全盘否定他们。

因材施教是关注与重视每个学生,建立良好师生关系的重要表现。教师应该明白学生差异的存在,并为他们提供个性化的教育关怀。不同学生有不同的潜力和特点,教师应该积极发掘并培养他们的优点,给予他们适当的指导和支持。同时,教师也要避免贬低学生或将成绩作为唯一的评判标准,而是通过关注每个学生的成长和进步,提供积极的反馈和激励。教师要了解每个学生的需求和兴趣,根据其个性和基础水平提供有针对性的教学方法和资源。例如,对待"后进生",要树立正确的责任意识,积极找寻转化的方法和策略;对于那些面临特殊困境的学生,教师的首要任务是唤起他们被爱的意识,帮助他们形成乐观开朗的性格,勇敢面对生活中的挑战。只有在充满爱的氛围中,建立相互信任和理解的关系,学生才能够具备自主意识和能力,释放所有潜能,发展天赋和个性,全面健康地成长。对面临问题或家庭不健全的学生,教师应该用真心关爱他们,成为他们的良师益友,经常与他们沟通,尊重他们的差异,为他们提供个性化的支持和指导,引导他们发挥潜力,实现个人的价值和成就,共同创造积极向上的学习氛围。

通过关爱学生,教师可以体察到他们的需求和问题,积极倾听,并提供必要的支持和帮助。这种关爱应该是持续性的,贯穿于教育过程的始终,以使每个学生都能够得到充分的支持和激励,实现他们的个人目标和梦想。

某高校的黄老师认为,当前师生关系不仅仅只停留于知识教学层面。"00后"大学生性格特点鲜明,自我意识突出,自尊心强。教师应当充分把握新时代大学生的特点,从建立关系、培养信任、倾听诉求等方面着手,把握好师生关系间的"四个度",使师生关系有"温度",问题解决有"效度",教师教学有"深度",学生管理有"尺度";挖掘学生的内在需求,同时关注学生潜在的心理问题,做好一对一的谈心谈话,建立"一生一档",以尊重和关怀真正走进学生心里。只有在成为学生信任的知心朋友的基础上,教师的引导、激励作用才能够得到有效发挥。

第二节　人工智能视角下的教师专业发展

人工智能时代,给教育带来了巨大的变革潜力,能为教师提供海量的教学资源和智能化的教学辅助工具,让教师能够更精准地了解学生的学习状况,为个性化教学提供有力支持。但同时,人工智能也对教师的专业发展提出了新的挑战。首先,人工智能时代教师的专业发展要注重提升自己的信息素养和技术应用能力。教师要熟练掌握各种教育相关的智能技术,善于运用它们来优化教学过程,创新教学方法,为学生打造更具吸引力和实效性的学习体验。其次,人工智能时代教师还要不断强化自己的教育理念和专业知识。人工智能虽然强大,但它永远无法替代教师的教育智慧和人文关怀。教师要以更加深刻的理解和洞察力,引导学生成长,培养学生的核心素养和关键能力。教师要善于利用人工智能的优势,结合自身的专业优势,实现教学的深度融合。要能够根据学生的特点和需求,灵活运用智能技术与传统教学方法,做到因材施教,激发学生的最大潜能。最后,教师也要保持终身学习的态度。人工智能的发展日新月异,教师要不断学习新知识、新技能,跟上时代的步伐,始终站在教育改革与发展的前沿。

一、人工智能时代教师专业发展的新挑战

在人工智能时代,教师专业发展面临着前所未有的教育场景转换、教育资料更新、教育工具迭代等变化。

(一)技术的更新换代给教师专业发展带来了一系列的挑战

技术的更新换代要求教师不断地学习、适应和创新。新技术的涌现要求教师具备更广泛的知识和技能。例如,多媒体教学、在线教学平台的使用、应用虚拟现实和增强现实技术等,都需要教师掌握新的软件和工具。这不仅需要教师具备技术操作的能力,还需要他们理解如何将这些技术有效地应用于教学中,以提高教学效果。此外,技术的发展也改变了学生的学习方式和需求,学生将更加熟悉和依赖数字化的学习资源,他们对于互动性、个性化的学习体验有更高的期望。教师需要适应这一变化,学会设计和引导学生利用新技术进行自主学习和合作学习。同时,技术的快速更新也使得教学资源更加丰富和多样化。教师需要在众多的在线资源中筛选出适合自己教学的内容,并进行有效的整合和利用,这需要教师具备良好的信息素养和资源管理能力。面对这些挑战,教师需要保持学习的热情和好奇心,积极参与专业培训和学习活动,适应新技术的发展要求。然而,技术更新换代也带来了一些潜在的问题。例

如,技术可能会带来信息过载,使教师面临如何筛选和整合有效信息的困扰。此外,技术的应用也可能引发教育公平性的问题,一些地区或学校可能无法及时获得最新的技术资源。因此,在应对技术更新换代的挑战时,教师需要关注技术与教育的融合,确保技术的应用真正有助于提升教育质量,而不仅仅是追求表面上的新颖。同时,我们也需要关注教师的需求和困扰,为他们提供必要的支持和培训,让他们能够在技术的浪潮中自信地前行,为学生的成长和发展提供更好的教育。随着人工智能技术的快速发展,教师需要不断学习新的技术,以更好地应用于教学。这可能需要教师花费更多的时间和精力来适应新技术。

(二)教学模式转变给教师专业发展带来了一系列的挑战

人工智能可能改变传统的教学模式,例如在线教育的兴起。教师需要适应新的教学平台和环境,掌握在线教学的技巧和方法。在教育领域,教学模式的转变是一个不可避免的趋势,新的教学模式如项目式学习、探究式学习等,强调学生的主动性和自主性,这对教师专业发展提出了新的挑战。首先,教师需要更新教学理念和方法。传统的教学模式可能更注重知识的传授,而新的教学模式则更关注学生的能力培养和综合素质的提升,教师需要理解并接纳这些新的理念,将其融入自己的教学实践中。其次,教师需要具备更强的课程设计和组织能力。新的教学模式通常需要教师设计更加开放和灵活的课程,引导学生主动探索和学习。这要求教师具备良好的课程设计能力,能够根据教学目标和学生需求,合理安排教学内容和活动。此外,新的教学模式对教师的评价方式也提出了挑战,传统的评价方式可能主要依赖考试成绩,而新的教学模式更强调学生的过程性评价和综合能力的发展,教师需要学会运用多种评价方法,全面、客观地评价学生的学习成果。最后,教师还需要加强团队合作和沟通能力,在新的教学模式下,教师之间的合作更加紧密,需要共同设计和实施教学活动。为了应对这些挑战,教师需要不断学习和提升自己。教学模式的转变是为了更好地适应时代的发展和学生的需求,教师作为教育的引领者,应积极面对挑战,不断提升自己的专业素养,为学生提供更优质的教育。

(三)学生需求变化给教师专业发展带来了一系列的挑战

学生在人工智能时代接触到更多的信息和知识,他们的学习需求和方式也随之发生变化。教师需要不断更新教学内容和方法,以满足学生的多样化需求。在当今社会,学生的需求不断变化,这对教师专业发展提出了新的挑战。了解并应对这些挑战,对于提升教育质量至关重要。学生的学习方式和兴趣爱好更加多样化,他们可能对传统的教学方法感到厌烦,更喜欢参与式、体验式的学习。教师需要不断更新教学方法,以适应学生的不同学习风格和兴趣需求。学生对于知识的获取途径也更加多元化,他们可以通过互联网轻松获取大量信息,教师需要引导学生正确筛选和处理信息,同时也要不断提升自己的知识储备和更新速度。此外,学生的心理和情感需求也日益受到关注。他们可能面临压力、焦虑等问题,需要教师具备一定的心理辅导和情感支持能力。教师需要关注学生的身心健康,提供相应的帮助和指导。面对学生需求的变化,教师需要具备更强的自我学习和反思能力。他们需要不断了解教育领域的新理念、新方法,将其应用到教学实践中,并根据学生的反馈进行调整和改进。同时,教师还需要加强与学生的沟通和互动,了解学生的需求和期望,建立良好的师生关系,提高学生的学习积极性和参与度。

(四)数据分析与应用给教师专业发展带来了一系列的挑战

人工智能技术可以收集和分析大量的学生数据,教师需要学会如何解读和应用这些数据,为教学提供精准的支持。随着信息技术的不断发展,数据分析与应用在教育领域的作用越来越重要。这对教师专业发展提出了新的挑战。教师需要掌握数据分析的基本技能和方法,能够收集、整理和分析学生的学习数据。这要求教师具备一定的统计学知识和数据处理能力。同时,教师需要学会运用数据分析的结果,为教学决策提供依据。例如,根据学生的考试成绩数据,分析学生的学习问题,调整教学策略。此外,数据分析也对教师的教学评价提出了更高的要求。教师需要通过数据来客观地评估教学效果,发现自身教学中的不足之处,并进行改进。为了应对这些挑战,教师需要不断学习和提升自己的数据分析能力。参加相关培训、学习数据分析工具和方法,将有助于教师更好地应对数据时代的教育挑战。数据分析与应用为教师提供了更科学的教学依据,但也需要教师不断提升自己的专业素养,将数据分析与教学实践有效结合。

(五)与人工智能协作给教师专业发展带来了一系列的挑战

教师可能需要与人工智能系统协作,例如利用智能辅导工具来提供个性化的学习支持。这要求教师了解如何有效地与智能系统配合。随着人工智能技术的不断发展,教师与人工智能的协作成为教育领域的一个重要趋势。然而,这也给教师专业发展带来了一些挑战。教师需要适应新的教学模式和方法。与人工智能协作要求教师改变传统的教学观念,探索如何更好地利用人工智能技术来提高教学效果。同时,教师需要提升自己的信息技术素养,了解人工智能的基本原理和应用,掌握相关的教学工具和软件。此外,教师还需要处理好与人工智能的关系。人工智能不能完全取代教师的作用,教师需要在与人工智能的协作中找到自己的定位,发挥自身的优势。为了应对这些挑战,教师需要积极参加相关的培训和学习,不断更新自己的知识和技能,以适应教育信息化的发展需求。与人工智能协作是教育发展的必然趋势,教师应积极应对挑战,充分发挥人工智能的优势,为学生提供更好的教育。

(六)教育政策和伦理问题给教师专业发展带来了一系列的挑战

人工智能的应用可能引发教育政策和伦理问题,如数据隐私、教育公平等。首先,教育政策的不断变化可能导致教师需要不断更新自己的教学方法和理念,以适应新的要求。例如,教育改革可能强调创新教育、素质教育或综合能力培养,这就要求教师具备相应的教学技能和知识,以便有效地实施新政策。其次,伦理问题也是教师专业发展中的一大挑战。教师在日常工作中需要面对各种伦理抉择,如公平对待学生、保护学生隐私、避免歧视等。在处理这些问题时,教师需要具备高度的伦理意识和判断能力,以做出正确的决策。此外,教师还需要在面对复杂的教育环境和社会压力时,坚守职业道德和伦理规范,不被外界因素所左右。最后,教育政策和伦理问题也对教师的专业发展提出了更高的要求。教师需要不断学习和研究,以深入理解教育政策和伦理原则,并将其应用到教学实践中。这可能需要教师参加专业培训、阅读相关文献、参与学术研究等,以提升自己的专业素养。

为了应对这些挑战,教师还可以采取以下措施:首先,积极关注教育政策的变化,参加相关培训和研讨会,与同行交流,及时了解新的教学要求和趋势。其次,加强自身的伦理修养,通过学习伦理理论和案例分析,提高伦理判断和决策能力。此外,教师还应该积极参与学校和社区的教育活动,与家长和社会各界合作,共同推动教育事业的发展。最后,教育管理者和政策制定者也应该认识到教育政策和伦理问题对教师专业发展的影响,为教师提供必要的支持和资源。这包括提供培训机会、建立教师发展平台、制定合理的教育政策等,以帮助教师更好地应对挑战,实现专业成长。

总之,教育政策和伦理问题给教师的专业发展带来了诸多挑战,但同时也为教师提供了提升自己的机会。通过积极应对这些挑战,教师可以不断提高自己的专业水平,为学生提供更优质的教育,促进教育事业的持续发展。

二、数字技术促进教师专业发展的新机遇

教师自身的学习进步需要依赖新技术,而跨界融合则需要数字技术、信息技术等的支持。学校应充分利用"互联网+"的优势,为教师团队建设、教师参与社会服务、教师科研攻关等提供服务和支持。教师应不断提升自己的数字技能、信息化素养,这包括提高对信息技术的理解和应用能力,熟练掌握常用的教育信息化工具和软件,以及了解最新的教育技术。在教育信息化条件下,教师要实现不断发展,需要着重从以下几个方面入手。[①]

(1)确立适应信息社会和终身教育的教学理念。这就需要改变传统的课程观、师生观、资源观。通过参与一系列的学习活动,学生可以参考自己的观点、教师提出的观点、学者提出的观点以及常识等,并在不同观点的冲突和融合中获得创造性的发现。在信息时代,教学资源不再仅限于教学计划中的书本,还包括互联网上遍布的知识信息、问题库、案例库、课件库、素材库、习题库、论文库、专家库以及仿真实验中心

---

① 纪望平.教育信息化背景下的教师专业发展[J].高等教育研究,2005,26(9):75-78.

等,丰富的教学资源给教师实施教学提供了便利。

(2)通过学习实践提高自身的信息素养。信息素养是现代教师必备的基本素质,必须掌握信息化教学的基本方法。教师对于信息技术教学应用的关注还主要集中在硬件和初级技能上,还没有真正认识到数字化学习和教学的潜力。因此,需要通过职前、职中培训或教师的自学,增强教师对信息的敏感性和创新意识,使教师善于学习最新的信息技术,使教学活动充满生机和活力。当然,在技术使用方面,因教学情况灵活多样,需要采取适当的策略;不能认为使用的技术越多越好,也不能形成依赖。

(3)注重信息化教学的研究与实践。教育的数字化和信息化需要教师的适应能力和创造力。如通过开发和创作,将课程学习内容转化为数字化的学习资源,并提供给学习者共享;充分利用全球共享的数字化资源作为课程教学的素材,如经过数字处理的视频、音频、图像和文本资料,将其作为教师开发或学习创作的素材,融合到与课程学习内容相关的电子讲稿和课件中,以优化课程教学。在教育信息化研究中,教师要通过反思教学实践来总结和应用经验,积极投身教学改革;学校也要打破以同行教师为基础的教研室组织模式,逐步构建多学科交叉的网络化教学和科研团队。

案例:宁波城市职业技术学院特色化的数字化教学改革

打造"城院金课",围绕课程建设目标,提升教师信息化素养与能力,建设资源库,宁波城市职业技术学院的"互联网+教学"模式处于全国领先地位。学校已建成国际化在线课程27门,另有18门课程上线国家智慧教育平台国际版,2门课程入选教育部"拓金计划"课程,4门课程出海印尼,1门课程入选世界慕课与在线教育联盟印尼全球融合式课堂,12门课程入选学习强国平台。同时,8门课程入选职业教育国家在线精品课程,21门课程被认定为省级在线精品课程,44门课程入选市级在线精品课程;110门(次)课程入选国家智慧教育公共服务平台,社会受益面220万多人次,超过300所兄弟院校引用学校课程。

第三节　组织视角下的教师发展中心建设

在任何社会中,人们的交往互动都是在"组织"的框架里进行的。教师也不例外,其大多数的活动和行为都是在"组织"的框架体系中展开的,所以组织对于教师专业发展而言具有重要的价值。[①] 事实上,与教师专业发展过程中最为直接相关的组织就是教师发展中心,要不断推进教师发展中心建设,推进运行机制与模式创新,从而

---

① 魏红,赵彬.我国高校教师发展中心的现状分析与未来展望:基于69所高校教师发展中心工作报告文本的研究[J].中国高教研究,2017(7):94-99.

在组织的推动作用下促进教师专业发展水平的提升。

一、组织视角下的教师发展中心运行机制

近年来,国家非常重视教师队伍建设和教师发展工作。教师发展中心作为一种新型的教师发展推动机构或组织平台,近年来发展迅速,尤其是在高校,近十年许多重要文件都反复强调教师发展对高校发展的重要性,国家要求并大力支持各个高校建设教师发展中心。高等院校的教师发展中心一般服务自己的教师,也有师范院校建立的教师发展中心涵盖中小学教师培训的服务功能。

明确单独建立教师发展中心的中小学(包括幼儿园和中等职业学校)还比较少,依托于区县教研中心居多,学校自己的教师培训或发展部门一般称为教科室、教科处等。① 各级各类教师发展中心或相关机构作为教师发展资源的开发者,需要开辟多种渠道、采取多种形式为教师提供充足的学习资源。另外区县的教师发展中心则负责做好本地区全体教师的发展工作,其内容更为庞大和多层次。

二、组织视角下的教师发展中心模式创新

(一)转变教师发展中心的理念和服务职能

教师发展中心的设立旨在提升教师发展,提高教学质量。其组织建设比较简单,但是如何发挥职能需要我们进一步思考。一个科学、合理、高效的机构设置要明确设立的理念和职能。对于基础教育学校,不论是学校的教师发展机构还是区县教师发展中心,处理好行政性和专业性之间的关系,发现不同阶段教师的不同需求非常重要(如新手教师、高学历教师、职教专业教师的需求差别很大)。对于职业院校需要进一步规范有效组织架构,开发多元服务内容,提高学术研究水平,重视质量评估应用,增强资源系统集成,从而更好地发挥教师发展中心的作用。对于高等学校,教师发展中心的职能定位应以提升本校教学、科研与学术交流水平为目标任务,辅之以咨询与协调等服务。② 有的学校尤其是普通高校出于自身需求设立教学发展中心或教师发展中心,名称虽不同,但都以教学水平提升为核心,教师发展中心功能更为综合。

当前教师发展中心的理念转变主要在于:从重硬件建设转向服务教师专业能力提升,从重理论引导转向基于教学实践情境,从行政管控转向教学学术引领,从群体

---

① 方晓波.大城市教研机构"融教研"教师研训模式探索:以 G 市教师发展研训中心为例[J].教育导刊,2023(1):12-17.

② 阙璧君,林夏竹.高校教师发展中心的历史脉络与发展趋势[J].闽南师范大学学报(哲学社会科学版),2021,35(4):103-107.

专业发展支持转向教师个体专业发展关切。通过理念转变,学校教师发展中心要提高教师参与度、对教师的感召力和内外部的交流服务意识,切实提升教师的教学能力,减少教师的职业倦怠,帮助教师提升职业满意度,获得成就感。

学校设立教师发展中心,应抓好顶层设计,统筹规划,明确职责功能,促成教师发展资源合理配置,形成整体工作合力。

(二)探索教师发展中心的培训与服务内容

针对职业院校和普通高校的特殊性,要鼓励学校与其他院校、企业等共建教师培养培训基地,共建教师发展平台,以教学质量和教学改革为中心,使教师发展中心切实发挥作用,利用数字化、信息化技术为教师发展创造条件。虽然在教师培训与服务内容上越来越系统和多样化,但我国的教师发展中心建设仍应该注重制定科学合理的政策,减少一些形式主义的培训负担和任务。

案例:高职院校的教师发展中心功能多样化

某职业技术学院成立教师专业发展中心,致力于关注教师的成长和成才过程,构建全面的教师职业综合素质培养机制。与传统的干部和师资培训不同,该中心有着三个主要特点:

首先,基于个性化和多样化的成才理念,建立了全面、全员、全程的教师发展体系,取代了以前的行政化培训、考核和发证模式,避免了"一刀切"和"大帮轰"式的培训方式。

其次,该中心整合了人事、教务、督导和科研等多方面资源,采用全程跟踪式的系统化服务和促进教师发展的方式,代替了以往单打独斗和就事论事的培训方式,为教师提供了更多的支持和帮助。

最后,该中心基于建构主义,注重管理干部与教师的自我定位和自我建构方式,取代被动接受培训的方式。教师专业发展需要创新管理人员与师资队伍建设的体制和机制,提升人才队伍的建设绩效,推动学校持续健康发展。

教师专业发展中心与教师教学发展中心也有所不同。教师专业发展中心不仅开展教师教学发展项目,还开展教师科研发展、教师社会服务发展、教师育人发展、教师身心发展以及管理人员发展等多样化项目,为教师搭建了一个实现"职教梦想、精彩人生"的专业发展平台。

三、组织视角下的教师发展中心实践案例

通过长期的调查了解,本部分选择了一些具有前瞻性、创新性和启发性的管理案例作为借鉴。

案例一：系统设计教师发展中心的组织和运行

宁波财经学院教师发展中心目前是"浙江省高校教师教学发展示范中心"（首批示范中心之一）、"浙江省高校教师发展中心联盟常务理事单位"（联盟成立的筹备单位之一）、"全国应用型高校教师发展联盟常务理事单位"（首批成员单位）。教师发展中心是学校师资建设工程"4号行动计划——教师发展行动计划"的重要一环，于2012年5月成立。中心按照处级单位的标准独立建制，全面负责学校的教师发展工作。以"立足岗位、内外结合、校本为主、全员提升"为教师发展工作思路，以"分级、分类"为工作原则，中心提出教师教学发展"四动"模式（制度推动、项目带动、协同联动和激励驱动）。

一、制度推动：系统架构教师教学发展体系

陆续出台了《促进教师教学发展行动计划》《青年教师提升行动计划》《应用型教师资格认定办法》《星级教学优师评选办法》等19项具体制度，系统构建了"以应用型教师、创新创业导师、星级教学优师培养以及教学名师团队建设为重点，不同类型教师分层发展"的制度体系。

二、项目带动：全面提升教师教学能力水平

创设了"一平两高"（平原奠基、高原稳固和高峰培育）20余类教师教学发展项目。针对年轻教师开设了15期"青年教师成长工作坊"（共计381人）；针对教师实践应用能力培养，开展"应用型教师认定"工作（共计322人）；针对教师课堂教学改革，开设了3期"翻转课堂实务培训班"（共计230人）；针对教师教学设计能力提升，举办教学设计大赛（共10届）。此外，每周组织1次教学沙龙（共226期）或学术讲座（共133场），参与教师达19000余人次。

三、部门联动：协同保障教师发展活动实施

学校人事处、教师发展中心、教务处等部门，通过"人员联动、资源联动、考评联动"等方式，在培训政策制定、培训方案落实、培训专家遴选、培训场所提供、培训技术保障以及培训考核评价等方面协同联动，合力保障各类教师教学发展项目顺利实施。

四、激励驱动：持续激发教师教学发展动力

通过"物质激励＋成就激励＋朋辈激励"的方式全方位驱动教师主动提升自身应用型人才培养能力。比如，学校为教师学员赴境内外学习交流提供机会和专项资金，通过开展"星级教学优师"评选、"教学名师团队"建设、"应用型教师"认定等工作，以及创设"卓越教师成长工作坊"等各级各类骨干培训班，持续激发教师教学发展动力。近5年，学校在"高校教师教学创新大赛"和"青年教师教学竞赛"两项赛事中连获佳绩，共获省级及以上教师教学竞赛一等奖及以上奖项12项。其中，国家级二等奖2项，省级特等奖3项、一等奖7项。在三届"教学创新大赛"获奖数量和级别方面，居全国"非硕士点"本科院校第3位、全国民办高校第3位、全国民办财经院校第1位；教师参加省赛（现场赛）的入围率在全省所有高校中居第4位,在宁波市所有本科高校中居第1位。"翻转课堂教学改革研讨班教师发展项目"被评为浙江省高校教师教学发展优秀案例;项目"规模化推进'翻转课堂'与混合式教学改革的实践"获2016年浙江省教学成果二等奖等。

宁波财经学院的教师发展中心通过系统化的项目设计、常态化的活动组织和针对性的培养培训,有效地提升了教师的教育教学能力,为学校的教育事业发展做出了重要贡献。

案例二:集聚资源培养应用型高校专业教师实践能力

某理工大学教师发展中心构建实践教育平台与资源共享平台。选择一批龙头企业和高科技企业进行深度合作,建立专业教师的"访问工程师"实践基地,鼓励专业教师到企业挂职。同时,鼓励教师与企业工程师建立长期的合作关系,加强技术合作,共同实施项目化教学。此外,还鼓励专业教师组成团队前往企业开展技术服务,争取获得应用性技术项目,帮助企业解决技术问题,同时提升教师在服务教学和企业发展方面的能力。这些举措促进教师与企业之间的紧密合作,提高教师的实践能力和教学水平,同时为企业提供了专业技术支持。

实践教育平台建设:该大学投入大量资金建设了先进的实践教育平台,如工程训练中心、创新创业中心等。这些平台为教师提供了丰富的实践资源和机会,促使教师将理论与实践相结合。

跨学科实践项目:鼓励教师开展跨学科实践项目,如"智能制造与机器人技术""新能源材料与器件"等。这些项目不仅提升了教师的跨学科实践能力,也促进了不同学科之间的交流与融合。

资源共享机制:建立了校内外的资源共享机制,如与企业共建实验室、与兄弟院校共享教学资源等。通过资源共享,教师能够更广泛地接触行业前沿技术和教学资源,提高自己的实践能力和教学效果。

案例三:"金课"引领下的教师专业成长与提升综合体系

宁波城市职业技术学院是全国首批职业院校数字校园建设实验校,浙江省课堂教学创新校、高职院校教师教学信息化教学发展中心校,2022年学校入选学生和教师发展指数优秀院校榜单,2014年7月独立设置"教师发展中心"。

学校强化师德师风建设,推进"三教"改革,加强"双师型"队伍建设,以打造"金课"为目标,构建了"研训赛一体化"教师教学能力提升体系,全面提升教师立德树人和专业教学能力,促进教师立体化成长(图1)。

学校在促进教师专业成长与提升方面的具体举措如下:

举措1:建立师德师风培养机制,深化职称评聘改革。

(1)深化师德师风建设。制定并实施《开展师德专题教育的实施方案》《宁波城市职业技术学院立德树人标兵评选办法》,提升教师立德树人能力。

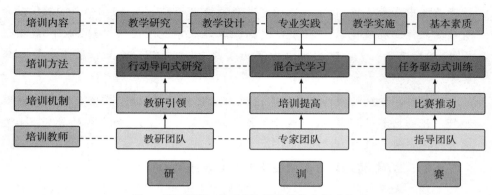

图1 "研训赛一体化"教师教学能力提升体系

（2）构建教师荣誉体系。制定《教职工荣誉体系建设的指导意见》，激发全校教职工爱岗敬业的内生动力，增强全校教职工的向心力、凝聚力和战斗力。

（3）落实专业技术职务评聘改革，实行对等业绩制。强化师德和教育教学的要求，实行分类分层评价，突出质量导向，实行对等性业绩制，鼓励直聘、破格晋升。

举措2：以"城院金课"为使命，打造特色化的数字化教学改革之路。

以打造"城院金课"为使命，围绕"八个一"课程建设目标，从团队建设、资源上线、比赛融入、成果引领四方面，分类实施教师培养计划，提升教师信息化素养与能力，建设资源库，提升教师课程建设水平和教学质量（图2）。

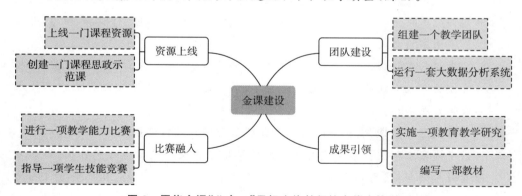

图2 围绕金课"八个一"目标实施教师综合能力培训

学校以国家智慧教育公共服务平台的创新应用为指引，在学校数字化转型的整体框架结构下，重点围绕"课堂、课程、专业"开展实践探索，形成了一条具有特色的数字化教学改革之路。

举措3：实施分类培养计划，推动个性化发展。

（1）校党委书记、校长担任班主任，举办中青年教师培训班。制定《宁波城市职业技术学院教师素质提高计划（2021—2025年）》《学院中青年教职工培训培养计划》。成立导师团，将170位中青年教师细分为3个匠师班，每班由校领导担任班主任,设班主任助理2名,每组导师2名。

(2)新教师培训落实"合格课程评估与教师职教能力测评"准入制。制定并实施《教师合格课程评估与职教能力测评办法》,持续开展以测评为核心的新教师入职准入培训。

(3)"城院金课"引领,提供高质量的培养培训服务。制定《"金课"建设与认定管理办法(试行)》,聘任校级名师,结对指导课程建设。

(4)搭建平台,进行教师个人质量"诊改"。建立教师教学成长电子档案,跟踪记录教师发展进程。制定《教师层面"诊改"工作实施细则》,搭建质量管理与保证(教师层)平台。2023年参与"诊改"工作专任教师376人,覆盖率达99.2%。

(5)持续开展"教师工作坊"沙龙活动。利用线上优质教学资源及校本信息化教学名师资源,2023年度开展16次教师工作坊沙龙活动,涵盖课程建设、教科研提升、教材编写、数字赋能教育等主题,侧重教师精准"定制化"的沙龙,年服务200余人次。

(6)建立企业经营管理者、技术能手与学校教师相互兼职制度。将"宁波乡村振兴产业学院、宁波旅游学院、创意设计产业学院、工业互联网产业学院、RCEP服务贸易产业学院"五个现代产业学院建设成"双师双能型"教师培养培训基地。

举措4:多路径提升教师"产教融合"能力。

建立多路径教师实践能力培养体系,常态化落实教师寒暑假下企业实践锻炼机制;制度化选派教师赴市局、乡镇、企业挂职,或担任农村科技特派员、农村科技指导员;实施"区(县)校"结对、企业访问工程师、"青年教师领雁工程"、师徒结对工程等项目。依托品牌专业,成立全国跨境电子商务和全国城市园林两个行业的产教融合共同体,多路径培养、提升教师实践能力,提高产教融合质量。

举措5:依托浙江省示范教师发展中心,积极拓展校内外交流与服务渠道。

以浙江省示范教师发展中心为平台,增强面向全省高职院校教师的服务能力,提高实效,如承办职业院校教师数字素养提升研讨会,承办宁波市高校教师课堂教学创新能力比赛和赛前培训工作,承办宁波市中职骨干教师教学能力提升培训班。

举措6:开展教学能力和教学质量评价,提升课堂质量。

协同教务处、质量管理办公室,构建并实施教师教学质量内部保证体系,跟踪评价,制定《宁波城市职业技术学院教师信息化素养标准》,开展基于"数据"的发展性评价。

举措7:提升教师发展中心指导咨询服务能力。

完善教师发展中心培训咨询环境,聘请校内外名师,为教师提供多形式的个性化咨询、辅导;建成在线优质资源库,形成线上线下相结合的教师培训工作模式,做好在线课程建设与运营、混合式教学改革技术服务和咨询工作,面向全省高职院校开展教师的信息化教学能力培训。

总之,面向未来,在科技日新月异的背景下,教育与技术的融合将成为教师专业发展的重要驱动力。虚拟现实、增强现实等前沿技术将为教学带来全新的体验,教师需要熟练掌握这些技术,将其巧妙地融入课堂教学,为学生创造更加生动有趣、沉浸式的学习环境。但技术只是手段,而非目的。教师更应关注的是如何利用技术促进学生的思维发展、情感交流和价值观的塑造。未来的教育将更加注重培养学生的创新能力、批判性思维和解决复杂问题的能力。这就要求教师自身具备这些素养,并能够通过有效的教学设计和教学方法,引导学生积极思考、勇于探索、敢于创新。教师要成为学生思维的激发者,鼓励他们挑战传统观念,培养他们独立思考和自主学习的能力。同时,随着全球化进程不断加速,未来的社会将更加多元和开放。教师需要拥有全球视野,了解不同文化背景下的教育理念和教学方法,培养学生的跨文化交流与合作能力,使他们能够在全球化的舞台上展现风采。此外,社会情感教育在未来的教育中也将占据重要地位,学生情绪管理和社会适应能力的培养将成为教育的重要任务。教师需要掌握相关的知识和技能,为学生提供情感支持和心理辅导,帮助他们建立积极的人生态度和良好的人际关系。未来教师专业的发展方向充满了挑战与机遇,只有不断学习、不断创新、不断适应时代的变化,教师才能在教育的舞台上发挥更大的作用,为培养适应未来社会的优秀人才贡献力量。让我们共同期待未来教育的美好画卷在教师们的努力下徐徐展开,为人类的进步和发展谱写新的篇章。

思考题

1. 未来教师的角色画像会是什么样的?

2. 人工智能时代教师专业发展面临的挑战和机遇有哪些? 如何抓住机遇,推动教师专业发展水平的提升?

3. 请设计一项以学生为中心的教师专业发展项目。

推荐阅读

1. 郝晓东著《未来教师》,大象出版社,2022。

2. 周雪光著《组织社会学十讲》,社会科学文献出版社,2003。

3. 赵炬明《以学生为中心:当代本科教育改革之道》,北京大学出版社,2023。

4. 任友群、闫寒冰主编《为数字时代准备未来教师》,华东师范大学出版社,2019。

结　语

　　在当前教育新征程中,教师专业发展显得尤为重要。这不仅是高质量教育体系构建的关键所在,也是教育强国建设的必然要求。教师专业发展是教师队伍建设的核心内容,以成为具备教育家精神的高素质教师为方向引领。

　　针对不同教育阶段的特点和需求,教师发展应实施分类指导策略。在基础教育阶段,注重提升教师整体素质,夯实教学基本功;在职业教育阶段,强化教师的"双师"能力,培养适应现代产业发展需求的技能型人才;在高等教育阶段,鼓励教师开展科研创新,提升教育教学水平。师德师风是教师专业发展的重要基石。

　　新兴信息技术将推进教育资源普及普惠,随着教育与新兴技术的不断融合,教育边界逐渐模糊,学习者中心和新技术应用成为教师应当"铭记于心"的教育观念。在新时代针对所有教师要实施数字化赋能教师发展行动,通过大数据、人工智能等先进技术的应用,为教师提供个性化、精准化的教学资源和支持,推动教育教学方式的创新,并加强教师的数字素养培训。

　　本书"从人出发,关注人本身",不论是传道授业解惑的老师,还是志在成长成才的学生,本质都是发展着的"人"。与"人"相关的工作复杂但有意义,师生之间的教学关系实质上是一种正向的互动,在基础教育、职业教育与高等教育之间存在着一种无形的教师专业发展与育人成果的"接力",学生在每一个阶段都会受到不同教师的影响进而形成自己的素质品格与学习功底,并为下一步的学习做好铺垫。"教"与"学"之间存在着一种动态平衡,如何"教学两相长",既要求学生本着积极上进的态度认真学习,更要求老师设计出一套"适销对路"的教学方案,以学生喜闻乐见的方式教,让学生在充分发挥能动性的前提下学。不论是"从做中学"还是"边学边做",都是在要求教师能够不断改进教学方法,增加教学趣味,提升课堂吸引力,最终回归到帮助学生成长成才的落脚点上。

　　当在"教"与"学"这段关系中每一个人都有了自己准确的定位,各尽其能,找准自己的干事平台和发展前景时,教育共同体的生态系统将变得更加完善。

　　尼采认为"人生就是从骆驼变成狮子",骆驼总是靠别人牵着走路,就像许多人一直由别人牵着走一样,小的时候家里父母牵着,长大了学校老师牵着,工作后单位领导牵着。狮子不需要别人牵着,知道自己要去哪里。老师要思考如何让儿童从小就开始学习从骆驼变成狮子。所以,教育的本质就是老师要帮助每个学生找到自己心中的那头狮子。一个人能从跌倒的地方爬起来,即使很难,但仍不断激励自己慢慢爬起来,要比他一直没有跌倒过成长得更快更好。

建设一流师资队伍,学校要加大教师引育力度,分类、分层、分步骤建立不同人才培育体系,建设教师发展中心,加强教师团队协作和集体智慧的培养,形成教师发展共同体,为教师提供共享资源、共同发展的平台。教育行政部门要着重宏观机制和中观改革,建立师德师风长效机制,健全中国特色教师标准体系,同时保障教师权益;用好教师评价"指挥棒",在基础教育阶段克服"唯分数论",在高校克服"五唯"顽瘴痼疾,努力做到人尽其才,做好教师发展工作。

本书从对教师专业发展基本概念的界定,到具体的教师专业发展现状分析与路径建议,再到基础教育、职业教育和高等教育的各类教师专业发展案例,每一部分都紧密关联,形成了一个有机整体。书中对现代教师面临的挑战与需求有深入洞察。例如,通过对教师专业发展现状的详细扫描,揭示了青年教师专业发展重视不足、教学方法难以适应学生需求等问题,这些分析有助于我们更好地理解教师在职业生涯中遇到的困难及其原因。此外,第五章提出的教师专业发展的路径建议,特别是对教师参与专业发展项目的细致阐述,不仅提供了可行的行动指南,还强调了实施中的策略和评价,体现了一种全面且实用的策略视角。最引人注目的是书中对未来技术发展趋势作用于教师专业发展的前瞻性分析。第七章不仅预见了这些技术将如何改变教师的工作方式,还讨论了如何利用这些变化来促进教师专业成长。

在撰写这本书的过程中,作者团队不仅聚焦于理论研究,更注重实践应用,广泛收集了国内外的案例,进行分析,使得理论与实践的结合更加紧密。希望本书成为教师专业发展研究和实践的重要工具书,为新时代教师专业发展提供一些理论依据和实践指导,也为教育政策制定者和学校管理者提供参考资料。当然,本书也一定存在诸多不足,如实践案例未能充分展现多样性、深度不够,调研数据资料还不够全面,书稿内容存在局限,在未来的修订中我们将努力改进。

我国教师专业发展的未来,是一个充满机遇与挑战的广阔天地。随着教育改革的不断深化,教师专业发展的路径将更加多元化,参与的主体和机构也将更广泛。我们还需要关注教师职业发展的可持续性,为教师提供更为全面、系统的支持和服务。教师专业发展良好一定会促成我国高质量教育体系的形成,最终实现教育强国梦。

作　者

2024 年 11 月